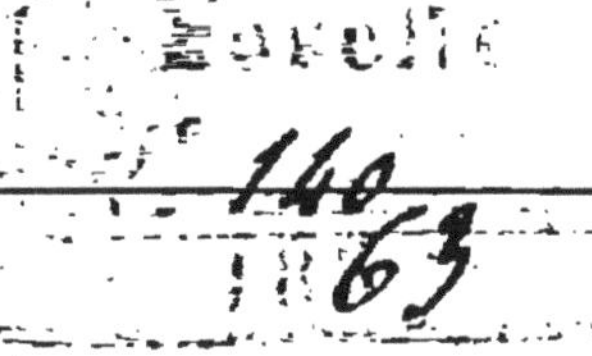

CULTURE
DE LA VIGNE
ET
FABRICATION DU VIN
DANS LE
DÉPARTEMENT DE LA MOSELLE

Par le Bon DUFOUR

Propriétaire à la Ronde, près Metz

DEUXIÈME ÉDITION

A METZ
Chez J. VERRONNAIS, Imprimeur et Lithographe
Rue des Jardins, 14
1863

CULTURE

DE LA VIGNE

ET

FABRICATION DU VIN

DANS LE

DÉPARTEMENT DE LA MOSELLE

Par le Bon DUFOUR

Propriétaire à la Ronde, près Metz

DEUXIÈME ÉDITION

A METZ

Chez J. VERRONNAIS, Imprimeur et Lithographe

Rue des Jardins, 14

1863

AVANT-PROPOS.

Le département de la Moselle produit de très-bons vins, mais la culture de la vigne y exige des frais considérables qui vont toujours en augmentant. D'un autre côté, presque tous les ans, la gelée détruit une partie de la récolte ; et enfin, si le temps n'est pas très-chaud, le raisin n'acquiert qu'une maturité imparfaite : aussi les années d'abondance et de qualité supérieure sont-elles bien rares dans notre pays.

On comprend que, dans de telles circonstances, la situation des propriétaires de vignes ne soit pas prospère, et cette situation s'aggrave beaucoup par l'invasion des vins du midi.

De grands efforts nous sont imposés, si nous voulons conserver quelque valeur à nos vignes.

Il faut améliorer la culture, de manière à obtenir des produits plus considérables qu'on pourra livrer à meilleur marché. Il faut aussi donner plus de soins à la fabrication des vins ; nous aurons des vins meilleurs et qui se garderont mieux.

Possesseur de vignes depuis plus de quarante ans, j'apporte le résultat de mes observations.

Dans les pages qui vont suivre, j'indiquerai des choses faciles, à la portée de tous et depuis longtemps éprouvées par nos meilleurs vignerons.

La Ronde, Septembre 1863.

CHAPITRE PREMIER.

PLANTATION DE LA VIGNE. — VARIÉTÉS DE RAISINS. — DÉTAILS RELATIFS A LA PLANTATION.

Variétés de raisins.

Lorsqu'on se livre à la culture de la vigne, la première chose à faire c'est de cultiver de bonnes espèces de raisins.

Les raisins les plus connus aux environs de Metz sont, par ordre alphabétique :

L'Aubin jaune, l'Aubin vert;
L'Auxerrois gris;
L'Auxerrois blanc, l'Éricé blanc;
L'Auxerrois vert;
L'Éricé, Liverdun ou grosse-race;
Le franc-noir;
Le Fromental ou gros Auxerrois blanc;
Les Hemmes rose, jaune et verte;
Le Meunier, feuille-blanche ou Fernèse;
Le petit-noir, menu-noir ou tendre-fleur;
Les Pétrécines ou Riesling;
Le Pinot gros et petit;

Le Simoro, noir de Lorraine, gros-bec, enfumé, Gouais ou noir-Gôt;

Le vert-noir.

Nous allons essayer de décrire ces différentes variétés de raisins.

Aubin jaune. Aubin vert. — L'Aubin vert est ainsi nommé parce que son fruit reste vert à la maturité. C'est un raisin très-productif, et dont les sous-yeux, en cas de gelée, donnent encore du fruit. — La grappe est forte, attachée court et à grains serrés. — Le bois, un peu rougeâtre, est gros, mais pas très-grand. — Les feuilles sont vertes, un peu découpées et de forme allongée. — L'Aubin vert mûrit difficilement; il n'est pas bon à manger, et le vin qu'il fournit est médiocre.

L'Aubin jaune diffère beaucoup du vert; il mûrit de très-bonne heure, il est bon à manger et c'est à lui qu'on doit l'excellent vin blanc de Magny; malheureusement c'est un fruit qui gèle très-facilement et dont la récolte est fort peu abondante. — La grappe est longue et peu serrée. Les grains sont petits, légèrement oblongs et de couleur jaune; la peau est assez dure. — Le bois est moins gros que celui de l'Aubin vert; les feuilles sont moins grandes, moins vertes et encore plus allongées.

Auxerrois gris. — Ce raisin, d'une couleur gris rosé, est extrêmement répandu. Il mûrit de bonne heure; par le bois et par le feuillage il a de la ressemblance avec le petit-noir ; comme lui il est disposé à couler, mais son produit est un peu plus considérable. — Selon la vigueur de la végétation, les grappes sont de dimensions différentes, et les grains sont tantôt serrés, tantôt clairs et de grosseur inégale. Les grains d'ailleurs ont la peau excessivement fine, et leur jus sucré est fort agréable au goût. On fait avec l'Auxerrois un vin blanc qui a un bouquet très-agréable, et qui se conserve longtemps : c'est un des meilleurs vins blancs de notre pays.

J'ai ouï dire qu'il y avait plusieurs variétés de ce raisin, le petit Auxerrois gris, le gros Auxerrois gris, et l'Auxerrois gris de Dornot : ces nuances ont échappé à mes investigations.

Lorsqu'on parcourt les vignes à l'époque de la vendange, on voit souvent des Auxerrois qui sont moitié roses et moitié noirs ; ce sont les fleurs des petits-noirs qui, portées par les vents, sont venues se mêler aux fleurs des Auxerrois.

Auxerrois blanc. Ericé blanc. — Dans notre département on donne le nom d'Auxerrois blanc à deux raisins bien distincts.

L'Auxerrois blanc, proprement dit, a la grappe serrée et marquée de beaucoup de petits points bruns ; les grains d'une couleur un peu verdâtre, se teignent en roux dans la partie exposée à la lumière. — L'autre Auxerrois blanc, qu'on appelle aussi Ericé blanc, a la grappe peu serrée et faiblement tiquetée. Les grains, ronds, sont jaunes et roux très-foncé du côté du soleil.

Ces deux raisins qui ont les grappes assez longues, sont plus productifs que l'Auxerrois gris auquel ils ressemblent par le bois et par le feuillage; ils ne coulent pas, sont agréables à manger et donnent de bon vin. On prétend que le vin de l'Auxerrois blanc, proprement dit, est plus sucré que celui d'Auxerrois gris.

Auxerrois vert. — Ce raisin, d'un rose verdâtre, a la grappe grosse et les grains serrés; le bois est plus fort que celui de l'Auxerrois gris, le feuillage est le même. L'Auxerrois vert est plus productif que l'Auxerrois gris, mais il est beaucoup moins bon à manger, et le vin qu'il fournit est d'une qualité inférieure.

Éricé noir, grosse race ou Liverdun. — C'est l'espèce de vignes qui produit le plus. Sur le même bourgeon les raisins se montrent les uns au-dessus des autres; et, si les jeunes pousses périssent par la gelée, on voit bientôt apparaître de nouveaux fruits qui sont produits par les sous-yeux et même par les bourgeons qui sortent du vieux bois. — L'Éricé mûrit assez bien, lorsqu'il n'est pas trop chargé de fruits. — La grappe n'est pas très-longue; elle est grosse et les grains ont la peau mince. — Le bois n'est guère plus fort que celui du petit-noir; il est presque de la même couleur, mais il est rayé. — Les feuilles sont unies et d'un vert plus foncé que le petit-noir. — Le raisin de l'Ericé est fade ; son vin est plat et ne se conserve pas longtemps.

Il y a des personnes qui prétendent que l'Ericé n'est pas la même chose que le Liverdun : les raisins que l'on m'a montrés sous le nom de Liverdun, m'ont paru n'avoir pas de différence avec l'Ericé. Il est possible que je n'aie pas fait assez de recherches.

Franc-noir. — Le franc-noir est plus productif que le petit-noir : il mûrit presque aussitôt, mais il n'est pas aussi bon à manger, et le vin qu'il produit est moins coloré, plus faible, et se garde moins longtemps. — De même que le petit-noir, le franc-noir est exposé à couler. — Dans des circonstances favorables, les grappes sont longues et pleines, mais si la végétation est faible, les grappes s'éclaircissent, et une partie des grains restent petits.—Le franc-noir ressemble au petit-noir par le bois et par le feuillage ; seulement il a le bois plus fort et le feuillage plus grand. La feuille tombe aussi de très-bonne heure. — On cultive beaucoup le franc-noir sur les bords du Rupt-de-Mad.

Fromental ou gros Auxerrois blanc. — Ce raisin qui est extrêmement productif, prend peu de bois, ne coule pas ; et en cas de gelée, ses sous-yeux donnent encore du fruit. Les feuilles sont rondes et très-grandes. La grappe est attachée court ; elle est grosse et a les grains serrés. Le raisin qui reste vert n'est pas bon à manger, et son vin est de peu de qualité.

Hemmes rose, jaune et verte. — Les Hemmes poussent vigoureusement, et dans un sol convenable, ce sont des espèces extrêmement productives. Les grappes sont grosses, longues et bien pleines. — Le bois est fort, d'une teinte rougeâtre ; les feuilles sont grandes, raboteuses et peu découpées. — Les Hemmes produisent un vin assez agréable au goût, mais faible et qui ne se garde pas longtemps.

La Hemme rose que l'on appelle aussi rouge-blanc, a les grains plus gros, plus serrés, le bois plus rouge et les feuilles d'un vert plus foncé que les autres Hemmes. La Hemme rose plaît beaucoup à l'œil par sa jolie couleur.

La Hemme jaune, dont le fruit devient jaune à la maturité, est l'espèce la plus répandue. On en cultive beaucoup à Kontz ; j'en ai vu quelques vignes à Montoy.

La Hemme verte est moins estimée que les autres; elle ne mûrit pas aussi bien, et ses raisins, qui ont toujours une teinte très-verte, produisent un vin moins bon.

Meunier. — Le Meunier qu'on appelle aussi feuille-blanche et Fernèse, est facile à reconnaître. Les boutons, et ensuite les feuilles, à l'envers surtout, sont garnis d'une espèce de duvet blanc. Le bois est d'une couleur plus foncée que le petit-noir, et les boutons sont plus rapprochés. — Ce raisin mûrit de très-bonne heure; il est extrêmement fertile, et il ne coule pas. — Les grappes ne sont pas fortes, mais elles sont pleines et les grains sont d'une grosseur égale. — Le Meunier prospère en terrain plat, même argileux. — Il gèle difficilement à cause du duvet qui recouvre les bourgeons; et lorsqu'il gèle, les sous-yeux produisent encore du raisin. — Le vin que produit le Meunier, est coloré, mais de qualité médiocre.

Petit-noir, menu-noir et tendre-fleur. — Le raisin qu'on désigne de la sorte dans notre département, est connu ailleurs sous le nom de Pinot; c'est le raisin par excellence. Il mûrit de bonne heure, est très-bon à manger, et fournit le meilleur vin de notre pays; malheureusement le petit-noir n'est pas productif, il charge peu et coule volontiers. — Les grappes, petites, sont assez serrées, lorsque la végétation est vigoureuse; dans le cas contraire, les grappes sont claires, et parmi les grains d'inégale grosseur, il y en a de très-petits. Les grains, ronds, ont la peau fine, et sont pleins d'un jus sucré. — Les feuilles assez grandes et un peu raboteuses ne sont pas échancrées profondément; elles tombent très-tôt. — Le bois du petit-noir est généralement faible, et les branches ne sont guère plus grosses à la base qu'à l'extrémité; quand le bois est mûr, l'écorce est brunâtre. — Le vin que produit le petit-noir est d'une belle couleur; il est bientôt bon à boire, et néanmoins il se conserve longtemps.

Pétrécine ou Riesling, petite et grosse espèce. — La petite Pétrécine a la grappe moyenne et assez serrée. Les grains, ronds et tiquetés, sont verdâtres, sauf la partie exposée au soleil qui se colore en brun. — Le bois est blanchâtre et rayé; les feuilles sont assez petites, découpées et d'un vert foncé. — La Pétrécine pousse tard et par suite elle est peu exposée à la gelée. Elle ne coule pas et sa récolte ne manque presque jamais: c'est une espèce productive. — La Pétrécine a un goût particulier; elle mûrit difficilement, ce qui ne l'empêche pas de donner un vin très-estimé. — Les vignerons disent que la maturité se complète dans le tonneau.

La grosse Pétrécine ressemble à la petite pour le bois et pour le feuillage, mais elle mûrit encore plus difficilement; son vin est beaucoup moins bon. — La grosse Pétrécine a la ressource de son sous-œil en cas de gelée.

Pinot. — Dans notre département on donne le nom de Pinot à une espèce de raisin dont je n'ai trouvé nulle part la description. Le Pinot ne ressemble pas au petit-noir, il n'est pas bon à manger ; le vin qu'il produit, et qui d'ailleurs est très-estimé, se conserve plus longtemps, il est plus ferme et a besoin d'être attendu, il est plus coloré. — Le Pinot mûrit difficilement, ce qui tient à ce que ses grappes sont toujours excessivement serrées. Il faut dire que la floraison durant longtemps, la maturité des grains est inégale. D'ailleurs le Pinot, sans être très-mûr, produit de bon vin. — Le Pinot pousse jusqu'aux gelées, et ses branches sont encore couvertes de feuilles vertes, lorsque les autres vignes ont déjà perdu leur feuillage. Ses branches se tiennent moins droites que celles du petit-noir. Les boutons sont plus rapprochés, et le bois, rougeâtre, est d'une couleur moins foncée. — Dans un sol convenable le Pinot est très-productif. Sa végétation est vigoureuse, et c'est l'espèce de raisin qui donne le plus d'ouvrage aux vignerons.

Il y a plusieurs variétés de Pinot : on en distingue deux principales, le petit et le gros. — Le gros Pinot est généralement préféré. — Le petit Pinot mûrit fort difficilement. Ses grappes, qui sont très-petites, ont toujours quelques grains verts. La queue de ce raisin est mince, et ronde comme une ficelle ; et à la vendange on ne prend pas la peine de la couper, on l'arrache. Les branches sont tellement trainantes que les vignerons ont donné à ce Pinot le surnom de *trainard*, de *ronceux*.

Simoro, noir de Lorraine, gros-bec, enfumé, Gouais ou noir-Gôt. — Ce raisin qu'il est facile de reconnaître, ne ressemble pas au petit-noir ; le bois est fort et se tient droit, les boutons sont très-écartés, et l'écorce est jaunâtre, les feuilles d'un vert clair ont les échancrures profondes. — Le Simoro est très-productif, et il ne coule que rarement. — Les grappes sont longues ; les grains sont écartés, d'une grosseur égale, et d'un très-beau noir. Le pédoncule ou bois de la grappe est rouge. — Le Simoro mûrit bien, si l'on a l'attention de ne pas laisser trop de fruits sur les ceps.

Le Simoro a un léger goût qu'on a comparé à celui de la fumée ; le vin qu'il produit est ferme, se conserve longtemps et s'améliore avec les années.

Il y a une mauvaise espèce de Simoro dont les raisins qui sont très-clairs, mûrissent fort difficilement.

Vert-noir. — Le vert-noir est beaucoup moins bon à manger que le petit-noir ; il est très-fertile, il ne coule pas et il mûrit assez facilement, mais le vin qu'il produit est dur. — Les grappes du vert-noir sont plus longues et plus serrées que celles du petit-noir ; les grains ont la peau et la pulpe plus épaisses, les pepins sont plus nombreux. — Le vert-noir a le bois plus fort que le petit-noir ; l'écorce est plus brunâtre, et le feuillage est d'un vert plus foncé. — On peut voir des vignes plantées en vert-noir dans le village de Nouilly.

Telles sont les variétés de raisins les plus connues aux environs de Metz. Dans les descriptions que je viens de faire, on ne pourra voir que des indications, car l'aspect des vignes varie beaucoup selon les lieux, et selon la vigueur de la végétation.

Raisins à cultiver de préférence.

Aux environs de Metz, si l'on veut des vins rouges de qualité supérieure, on plante le petit-noir, le Pinot et l'Auxerrois gris, ce dernier en moindre quantité parce qu'il donne peu de couleur. — Si l'on vise à l'abondance des produits, on plante le vert-noir, le Simoro là où il ne périt pas, la feuille-blanche et surtout l'Ericé de Bourgogne ou Liverdun.

Si l'on veut des vins blancs de qualité supérieure, on plante l'Auxerrois gris, l'Auxerrois blanc, la petite Pétrécine ou Riesling. — Si l'on vise à l'abondance des produits, on plante les Hemmes et le Fromental.

J'ai ouï dire qu'il était bon de cultiver plusieurs variétés de raisins, la même variété ne réussissant pas plusieurs années de suite. — On n'oubliera pas qu'il est convenable de planter chaque espèce séparément : les espèces faibles souffrent du voisinage des espèces vigoureuses, et d'un autre côté le mode de culture et l'époque de la maturité ne sont pas les mêmes pour les différents fruits.

Détails relatifs à la plantation.

Les soins de la plantation sont d'une grande importance, car les vignes bien plantées conservent toujours l'avantage sur les autres.

Époque de la plantation.

Le moment le plus favorable pour la plantation des plants à barbe c'est l'automne, après la chute des feuilles : alors la sève est arrêtée, la terre a le temps de se resserrer sur les végétaux confiés à son sein, et, lorsqu'arrivent les beaux jours, les jeunes vignes profitent mieux des pluies fécondes du printemps, et n'ont pas à craindre les hâles desséchants du mois de mars. Lorsqu'on plante de simples branches, l'expérience a démontré qu'il vaut mieux ne planter qu'en avril et même en mai.

Choix et achat de plants de vignes.

Lorsqu'on est obligé d'acheter des plants, et que l'on ne s'adresse pas à des personnes de confiance, il est indispensable d'aller, à la vendange, visiter les vignes dans lesquelles on s'approvisionne; alors, les fruits étant aux ceps, on peut juger non-seulement de la qualité des raisins, mais encore de la fécondité des ceps.

Pour planter on fait usage, soit de pieds enracinés qu'on appelle plants à barbe, soit de simples branches qu'on appelle bouts de *mariens*. — Les bouts de mariens sont les extrémités des sarments de l'année, qui tombent à la taille. On ne connaît pas, dans notre département, l'usage des crossettes qui sont des branches de l'année, garnies par le bas d'un peu de bois de l'année précédente. — Les pieds enracinés sont ordinairement des branches marcottées au printemps, et qui ont pris racine dans le cours de l'année. On peut aussi se préparer des plants à barbe, en plantant des bouts de mariens dans un bon terrain; après deux ans, ils sont assez forts pour être mis en place. — Les plants à barbe reprennent d'ailleurs plus facilement que les bouts de mariens.

Lorsqu'on reçoit des paquets de pieds enracinés et qu'on ne les plante pas tout de suite, on les met en jauge. Il faut desserrer les paquets, et les étendre en couches peu épaisses entre lesquelles on jette de la terre; de cette façon les plants ne se dessèchent pas. — Si l'on arrachait des plants à barbe avant que les feuilles fussent tombées, il serait nécessaire d'effeuiller pour empêcher l'évaporation de la sève.

C'est ordinairement au mois de février qu'on se procure des branches ; au lieu de les mettre en jauge, on peut, en attendant qu'on les plante, les plonger dans l'eau par leur extremité inférieure, à la hauteur de 25 centimètres ; une eau stagnante est préférable à une eau vive. — Pour conserver les branches fraîches, M. le docteur Guyot (pages 80 et 131 de son ouvrage), conseille de les enfouir en terre, dès qu'elles sont coupées. On fait des fosses profondes de quarante à cinquante centimètres ; on y étend les branches sur une épaisseur de dix à quinze centimètres et on les recouvre de terre que l'on foule un peu. Ces branches plantées en avril ou en mai, poussent très-bien.

Préparation du terrain. — Défoncement, *courses*, drainage.

Avant de planter on doit préparer le terrain d'une manière convenable. Si l'on arrache d'anciennes vignes pour les remplacer par de nouvelles, on enlève avec soin les vieilles racines ; en même temps on défonce le sol à la profondeur de deux fers de bêche, environ 30 centimètres. M. Lanternier défonce à trois fers de bêche. Il laisse ensuite reposer le terrain pendant une année, et dans cet intervalle il le fait bêcher une ou deux fois, dans l'intention de favoriser les influences atmosphériques; et enfin, avant de planter, il répand de la terre neuve sur le sol : ce sont là des dépenses considérables, mais M. Lanternier en est bien récompensé, car il fait une récolte presqu'entière à la troisième feuille.

Lorsqu'on opère un défoncement, on rejette à la surface la terre de dessous. J'ai ouï dire qu'on ne devait pas défoncer plus bas que la couche de terre végétale ; cependant M. Thiva est d'avis que la terre du fond mêlée dans la proportion d'un tiers avec la terre végétale ne produit que de bons effets.

En même temps qu'on défonce le terrain, on le nivelle le mieux possible ; on comble les endroits creux pour empêcher les caux de séjourner. L'humidité des eaux stagnantes est funeste à la vigne; elle la rend plus sensible aux gelées d'hiver et de printemps, et souvent elle la fait périr. Pour faciliter l'écoulement des eaux, on peut disposer le terrain en dos d'âne. On peut aussi pratiquer des rigoles, ou mieux des *courses*. On appelle courses dans notre pays, des fossés larges de 65 cent., profonds de 80 centim. au moins et qu'on remplit de pierres à la hauteur de 45 centimètres ; par-dessus les pierres on met un lit de mousse, et l'on achève de remplir avec de la terre. Les caux s'écoulent à travers les pierres, en suivant la pente qui a été ménagée. Pour faciliter la fuite des eaux, on dispose en arête une partie des pierres du fond. On esssaie aujourd'hui de remplacer les *courses* par le drainage.

Je n'entrerai pas dans beaucoup de détails relativement au drainage ; je ferai seulement quelques observations. Le drainage, pour être utile, demande à être fait avec soin. On choisit des drains du n° 2 ; on s'assure que la terre est de bonne qualité et bien cuite. Les drains doivent être enfoncés à 1 mètre 20 centimètres, et les lignes doivent être espacées de trois mètres. Il faut, autant que possible, que chaque ligne ait son écoulement particulier ; les drains collecteurs sont à éviter. Les niveaux doivent être pris avec la plus grande exactitude, et quand les drains sont mis en place dans le fond des tranchées, il est indispensable de vérifier si la pente est bien ménagée ; lorsque des drains font un coude, la petite quantité de terre que les eaux entrainent, s'y arrête ; les drains se bouchent et se pourrissent. Quand on s'est assuré que les drains sont bien placés, on rebouche les tranchées en jetant doucement la terre sur les drains, dans la crainte de les déranger ou de les casser. — Il y a profit à s'adresser, pour le drainage, à l'administration des ponts-et-chaussées, et à se servir d'ouvriers habitués à ce travail.

Confection des trous. — Mode de plantation.

Lorsque le terrain a été bien préparé, on s'occupe de faire les trous, afin de procéder à la plantation ; on fait les trous plus ou moins grands selon la force du plant. Aux environs de Metz on leur donne généralement 25 centimètres de profondeur, sur 35 de longueur et 25 de largeur. Si le terrain n'a pas été défoncé, au lieu d'un trou pour chaque pied, on fait des rigoles assez larges pour planter un rang de vignes de chaque côté. On jette à droite la terre de dessus, à gauche celle de dessous. Lorsque les vignes sont plantées, on recouvre leurs racines avec la terre de dessus, et l'on achève de remplir les rigoles avec la terre de dessous. De cette façon le sol est bien retourné: c'est le procédé de M. Dauphin.

Lorsqu'on plante des pieds de vigne enracinés, il est d'usage de raccourcir les racines à la longueur de quelques centimètres. Si les vignes étaient fraîchement arrachées, il y aurait avantage, selon M. Huot, à laisser les racines entières et à les étendre avec soin dans les trous. — On taille en pointe l'extrémité inférieure de la vigne, et on la pique verticalement dans le fond du trou: cette précaution est indispensable pour donner de la solidité à la plantation. On couche ensuite le cep dans une longueur d'environ 25 centimètres, et puis on le relève par le haut. — Si l'on plante de simples bouts de mariens, on les taille en pointe, au-dessous d'un nœud. Pour faciliter la sortie des racines, quelques personnes tordent la partie des branches qui doit être enfoncée en terre ; il vaut mieux en enlever un peu d'écorce avec la serpette. On procède d'ailleurs pour la plantation des branches comme pour les pieds enracinés. Voyez à la page 34 la méthode enseignée par M. Trouillet.

Distance à laisser entre les pieds de vigne.

Dans beaucoup d'endroits, les ceps sont plantés à 50 centimètres en tous sens, et sur chaque cep on élève un sarment. Dans ce système, il y a 400 pieds de vignes par are, et par conséquent 1772 pour une *mouée* qui contient 4 ares 43 centiares. — J'ai vu, à Ancy, chez M. Collignon, des rayons de vignes qui sont alternativement à 66 centimètres et à 33 centimètres. Dans le sens des rayons, les ceps sont à 50 centimètres, et par conséquent le nombre de ceps est encore de 400 par are. — M. Lanternier laisse un mètre d'intervalle entre les rayons, et dans les rayons les vignes sont à 50 centimètres. M. Lanternier, comme on le voit, a moitié moins de ceps, mais en revanche, il élève chaque année deux sarments sur chaque cep. — Dans le vignoble de

Kontz, chez M. Limbourg, on peut voir des vignes plantées comme chez M. Lanternier, c'est-à-dire que les rayons sont à un mètre, que les ceps sont à 50 centimètres dans les rayons, et que sur chaque cep on élève deux sarments; mais il y a cette différence que, chaque année, on provigne un des deux sarments dans l'intervalle des rayons, de sorte qu'au printemps le nombre des vignes se trouve doublé, et porté à 400 par are. A l'automne tous les sarments provignés sont enlevés et vendus pour du plant.

Au lieu d'élever un ou deux sarments sur chaque cep, on en élève quelquefois jusqu'à sept et huit: c'est ce qu'on appelle la culture en cuveau. Dans ce système, les vignes sont plantées à un mètre 33 centimètres en tous sens, ce qui donne pour un are 56 pieds $^1/_4$ et 450 tiges, si chaque vigne est garnie de huit sarments, et pour une *mouée* 250 pieds de vigne et 2000 tiges. Lorsqu'on plante les vignes à 1 mètre 33 centimètres, on a la précaution de mettre deux pieds dans chaque trou pour être plus sûr du succès de la plantation.

Dans les calculs qui précèdent, nous avons indiqué les distances des vignes en mesurant l'intervalle d'un rayon à l'autre; si l'on plantait en quinconce, et que l'on calculât la distance du cep d'un rayon au cep du rayon voisin, on pourrait, dans le même espace, mettre un sixième de pieds en plus.

Jusqu'à présent, nous avons toujours parlé de vignes que l'on plante sur place, de manière à avoir tout de suite le nombre de pieds que comporte le terrain : cette méthode est la préférable. Il y a cependant des propriétaires qui commencent par planter à des distances plus ou moins considérables, et qui, après avoir cultivé les vignes en cuveau pendant plusieurs années, les provignent en répandant les ceps çà et là le plus également possible.

Avantage des plantations en ligne droite.

Quelle que soit la distance à laisser entre les vignes, on fera bien de les planter en ligne droite. Dans les vignes plantées de cette manière, tous les travaux se font plus commodément. Si des ceps de vigne ont péri, on s'en aperçoit tout de suite ; et l'on peut les remplaçer sans avoir autant à craindre qu'il soient écrasés sous les pieds, ou qu'ils ne reprennent pas faute de lumière. D'un autre côté, chaque cep a l'espace de terrain auquel il a droit. Je dirai encore à l'avantage des vignes en ligne droite que la surveillance du maître s'y exerce facilement, tandis que les vignes plantées irrégulièrement sont des forêts inextricables, dans lesquelles on ne peut guère pénétrer.

Lorsqu'on veut planter régulièrement, on commence par tracer, à l'aide d'échalas, des ignes droites que l'on a soin d'espacer également; nsuite le long de ces échalas, on tend des corleaux que l'on garnit de papillottes placées à la listance où doivent être les pieds de vigne. Au ieu de faire un trou pour chaque pied de vigne, n peut creuser des rigoles comme nous l'avons xpliqué, page 21.

Échalas ; moyen d'en prolonger la durée.

La vigne est une plante disposée à ramper, et dans notre pays, il est nécessaire de soutenir les tiges. En général on se sert de tuteurs en bois de chêne qu'on appelle échalas ou *paisseaux*. — On dit que l'acacia et le sureau font aussi de bons échalas.

La botte de 80 échalas, de chêne, bois franc, hauts de 1 mètre 50 centim., coûte au moins 2 francs 50 centimes. Dans une vigne plantée à 50 centimètres en tous sens, il faut 400 échalas pour un are. — Si l'on adopte le mode de plantation de M. Lanternier, il en faut moitié moins. — Dans une vigne cultivée en cuveau, le nombre d'échalas s'élève à 450. — Les échalas, dans la partie exposée à l'air, s'amincissent par la dessiccation ; la partie enfoncée en terre pourrit par l'humidité. — On calcule que chaque année, pour l'entretien d'une vigne, il faut, par are, une vingtaine d'échalas neufs.

Les échalas occasionnent une dépense considérable. On a cherché le moyen d'en prolonger la durée ; ce qu'il y a de plus sûr, c'est d'imprégner de sulfate de cuivre la partie qui doit être fichée en terre. Le procédé est simple et peu coûteux.

On a un cuveau dans lequel on place les échalas debout en les serrant les uns contre les autres; on remplit le cuveau d'eau sulfatée jusqu'à la hauteur d'environ cinquante centimètres. On ne laisse pas tremper les échalas plus de trois ou quatre jours, dans la crainte que le bois ne devienne cassant ; et l'on a soin de les faire sécher à l'ombre. — Voici comment on prépare l'eau sulfatée. Il faut cinq kilogrammes de sulfate de cuivre pour un hectolitre d'eau. Après qu'on a broyé le sulfate en petits morceaux, on le met dans un cuvier, et l'on jette dessus de l'eau bouillante pour le dissoudre. On ajoute ensuite de l'eau froide en proportion de la quantité de sulfate. — On peut se procurer du sulfate de cuivre chez les pharmaciens ; il coûte 1 fr. 20 centimes le kilogramme. Le sulfate est un poison, et l'on doit mettre de côté les objets qui ont servi à son usage.

Échalassement au moyen de fils de fer.

M. Collignon d'Ancy a fait de grands efforts pour introduire parmi nous l'échalassement au moyen des fils de fer, et pour les tendre d'une façon convenable, il a inventé un petit instrument très-ingénieux, auquel il a donné le nom de raidisseur. M. Collignon a publié un écrit que l'on pourra consulter; on pourra aussi visiter ses vignes situées à Ancy, et celles de M. le commandant Jacquin, maire à Scy. Voici des indications pour les personnes qui voudraient essayer l'emploi des fils de fer, en y mettant comme je l'ai fait, toute l'économie possible.

On a des échalas et des piquets de chêne qui sont, les uns de la hauteur des échalas, et les autres de la hauteur de 60 centim. On peut trouver ces piquets dans des fagots de chêne pelé; on les empointe par le bas et on les scie carrément par le haut. — Les échalas et les piquets doivent être sulfatés à la hauteur d'environ 50 centimètres (voyez page 26).

A l'aide de quelques repères on trace une ligne droite dans la vigne, soit au milieu, soit sur l'un des côtés. — En bas, on enfonce un petit piquet de chêne; au-dessus, en laissant un intervalle de 60 centimètres, on enfonce un grand piquet; et, à partir de ce grand piquet, de huit mètres en huit mètres, on plante un échalas, ou si les échalas sont faibles, deux échalas l'un contre l'autre. Arrivé en haut de la vigne, on plante encore un grand piquet, et au-dessus, à 60 centimètres, on plante un petit piquet. — Ces échalas et piquets sont destinés à soutenir les fils de fer. Les petits piquets qui supportent tout l'effort des fils de fer, doivent tenir fortement en terre. — Nous avons dit que les échalas devaient être placés de 8 mètres en 8 mètres; lorsque le terrain n'est pas de niveau, on est obligé de rapprocher les échalas, pour maintenir partout les fils de fer à la même élévation.

Les piquets et les échalas étant placés en ligne droite, on se munit d'un marteau, de tenailles, de clous à tête un peu forts, de fil de fer galvanisé du n° 12*, et de fil de fer recuit du n° 8 que l'on coupe par morceaux de 25 à 30 centimètres. — On enfonce un clou dans le petit piquet à la hauteur de 15 centimètres et l'on y attache le bout du fil de fer galvanisé. On enfonce un clou dans le grand piquet à la hauteur de 22 centimètres et l'on pose le fil de fer dessus. L'ouvrier qui porte le fil de fer galvanisé, s'avance en le déroulant avec soin pour ne pas le mêler. Arrivé à l'échalas, on y fixe le fil de fer galvanisé, à la hauteur de 22 centimètres, au moyen d'une attache en fil de fer recuit. Ces attaches se font aisément: on plie, par le milieu, le fil de fer recuit sur le fil de fer galvanisé, et après avoir formé un petit anneau, on entoure l'échalas avec

* Le fil de fer galvanisé du n° 12 coûte 1 fr. 30 le kilog. et dans le kilogramme, il y a une longueur de fil de fer de 69 mètres.

les deux bouts que l'on tord ensemble à l'aide des tenailles; quand l'attache est fixée solidement après l'échalas, on redresse verticalement le petit anneau pour que le fil de fer galvanisé puisse glisser dedans. — On continue ainsi pour les autres échalas. — Arrivé au bas de la vigne, on enfonce un clou dans le grand piquet à la hauteur de 22 centimètres, et dans le petit piquet, à la hauteur de 15 centimètres. On tire alors le fil de fer galvanisé de manière à le tendre convenablement, et après l'avoir appuyé sur le clou du grand piquet, on l'attache au clou du petit piquet.

Après avoir placé le fil de fer galvanisé à la hauteur de 22 centimètres, on en place un second à la hauteur de 66 centimètres, en procédant de la même manière. Si l'on voulait avoir un troisième fil de fer, on le placerait à la hauteur d'un mètre dix centimètres. M. Collignon d'Ancy n'a que deux fils de fer, je n'en ai aussi que deux; M. Jacquin en a trois. On pourrait à la rigueur se dispenser du fil de fer du bas, en fixant le cep au sol comme il est indiqué à la page 43.

Lorsqu'on a tracé une ligne de fil de fer, elle sert de point de départ pour les autres lignes. — On espace les lignes de 80 centimètres ou d'un mètre. Sur les lignes espacées de 80 centimètres, on n'élève qu'un rayon de vignes; sur les lignes espacées d'un mètre, on peut élever deux rayons de vignes, un de chaque côté du treillage à la distance de 17 centimètres.

Les fils de fer s'allongent par l'effet du poids et par la pression du vent sur le feuillage des vignes; il est indispensable de les retendre chaque année au printemps. On détache les fils de fer par un bout et on les retend; c'est une petite main d'œuvre, je pratique sans peine cette opération sur des lignes qui ont plus de 200 mètres de longueur. — Avant de retendre les fils de fer, il faut visiter les treillages, voir s'il ne manque ni clous ni attaches, et replacer les piquets et échalas qui ont pu être dérangés.

CHAPITRE II.

CULTURE DE LA VIGNE. — DESCRIPTION DE LA VIGNE. PROCÉDÉS DE MUTIPLICATION. ACCIDENTS AUXQUELS CETTE PLANTE EST EXPOSÉE. SOINS A DONNER AUX JEUNES PLANTATIONS. OPÉRATIONS DIVERSES COMPOSANT LA CULTURE DES VIGNES EN RAPPORT. MÉTHODES DE CULTURE PARTICULIÈRES.

Culture de la Vigne.

Je vais tâcher d'exposer la culture de la vigne telle qu'elle est pratiquée aux environs de Metz ; elle se compose de beaucoup d'opérations dont quelques-unes sont longues et minutieuses. Ce n'est pas par plaisir que les hommes ont ainsi compliqué leurs travaux, et l'on peut croire que chez nous la culture de la vigne est arrivée à une assez grande perfection ; sans doute, il faut toujours chercher à mieux faire, mais, comme l'a dit Virgile, on ne doit pas dédaigner les coutumes locales, les pratiques des anciens.

Avant d'arriver aux détails, je crois devoir dire quelques mots du mode de végétation de la vigne, de ses moyens de reproduction, et des accidents auxquels elle est exposée.

Description de la vigne.

La vigne a des racines pivotantes et des racines traçantes, ce qui lui permet de végéter dans des sols très-différents. — Les branches ou sarments sont garnis de boutons qui sont très-saillants et qu'on appelle *nœuds*. Les boutons sont plus ou moins écartés selon l'espèce des raisins, et selon la vigueur de la végétation. Les boutons sont à la fois boutons à bois et à fruits, c'est-à-dire qu'ils produisent des branches et des raisins. Les boutons ne donnent pas tous des fruits. Lorsque les boutons sont bien arrondis, on en augure une bonne récolte pour l'année suivante. Chaque bouton est garni de deux sous-yeux destinés à le remplacer en cas d'accidents. Les sous-yeux, de même que les boutons qui sortent du vieux bois, donnent rarement du raisin, si ce n'est cependant chez certaines espèces de vignes très-fécondes, telle par exemple que l'Éricé de Bourgogne. — Lorsque les boutons sont développés et devenus des bourgeons, les raisins se montrent à leur base sur les deux ou trois premières feuilles. A l'opposite des feuilles, on remarque les vrilles à l'aide desquelles la vigne s'attache aux objets qui l'entourent. Dans les aisselles des feuilles, on aperçoit de petites pousses que l'on appelle entre-feuilles.

Procédés de multiplication.

Dans notre département la vigne se muliplie ar marcotte et par bouture.

Marcotte. — C'est le moyen dont on se sert n général pour se procurer des plants enracinés. consiste à courber les branches d'un cep, t à les coucher en terre à la profondeur de 10 15 centimètres et sur une longueur d'environ 0 centimètres ; on taille les branches court, sur eux ou trois boutons. Les marcottes se font au rintemps ; à l'automne les branches ont pris acine, et l'on peut les enlever. Les marcottes puisent les ceps, et l'on ne doit en faire que dans es vignes très-vigoureuses. — Le provignage ont nous parlerons à la page 49, est une sorte e marcottage.

Bouture. — Ce genre de multiplication est ès-employé. Nous avons expliqué : quand on oupait les branches destinées à faire des boures, comment on les conservait fraiches, comment on les plantait et à quelle époque ; voyez ages 18 et 21. — Tantôt on plante les boutures n place, tantôt en pépinière. Dans ce dernier as, il faut mettre les boutures dans un bon errain, à 8 centimètres l'une de l'autre et en ignes espacées d'au moins trente centimètres. u bout de 2 ans les branches ont pris suffiamment racine et peuvent être transplantées.

M. Trouillet indique une méthode d'après laquelle les boutures faites au printemps, sont assez fortes pour être transplantées au mois de novembre suivant. Les branches, conservées fraiches comme il est dit à la page 18, sont plantées en mai. On les réduit à 35 ou 40 cent. de longueur, et on les coupe à leur base horizontalement et juste au-dessous d'un bouton; ensuite on les enfonce droites à la profondeur de 25 centim. dans une terre bien préparée que l'on tasse un peu; et la terre entre les rayons est amoncelée contre les boutures, de manière qu'un seul bouton sorte dehors.

Accidents auxquels la vigne est exposée.

Les produits de la vigne sont exposés à beaucoup d'accidents; nous allons indiquer les principaux.

Gelée d'hiver. — Lorsque le froid descend à 15 degrés au-dessous de zéro, les boutons de la vigne courent le risque d'être gelés, surtout si les branches sont humides. Le bois lui-même, quand il n'est pas bien mûr, peut être atteint, et le mal va quelquefois jusqu'à faire périr les souches; ce dernier cas est heureusement très-rare. La gelée d'hiver occasionne des dégâts plus considérables dans les terrains humides, et l'on doit faciliter le plus possible l'écoulement des eaux.

Gelée de printemps. — Dans le courant du mois de mai, il y a presque tous les ans des nuits très-froides ; et, s'il arrive que le soleil se montre dès le matin, les bourgeons peuvent être détruits : la chaleur, en dégelant subitement les jeunes pousses qui sont encore très-tendres, désorganise les tissus végétaux. On redoute davantage la gelée de printemps, lorsque les vignes sont exposées au levant ou au midi, lorsque la végétation est précoce, lorsque les bourgeons sont couverts d'humidité, lorsque le sol est naturellement humide ou lorsqu'il a été fraîchement remué. Il est prudent de planter dans les bas-fonds des variétés de raisins résistant aux atteintes de la gelée, de saigner le sol, de ne pas tailler avant l'hiver dans la crainte de hâter la végétation, et de ne houler au mois de mai qu'au moment où le froid n'est plus à craindre. Un propriétaire m'a dit avoir sauvé ses vignes d'une gelée de printemps, en mettant entr'elles et le soleil un nuage de fumée qu'il avait obtenu en brûlant des tas de chiendent et de fumier humide, depuis trois heures du matin jusqu'à six.

Coulure des fleurs. — Lorsque, par suite du mauvais temps, la végétation de la vigne est languissante, la fécondation des fleurs s'opère mal, et alors a lieu la coulure. Les vignes qui sont d'une nature délicate, comme le petit noir, coulent facilement ; il y a des espèces fertiles qui ne coulent jamais, par exemple l'Éricé de Bourgogne et la feuille-blanche.

Brûlure des feuilles. — On dit que les feuilles brûlent lorsque, par l'effet de coups de soleil trop ardents succédant au froid ou à l'humidité, les feuilles rougissent en tout ou en partie. Plus il y a de feuilles brûlées, et plus la végétation souffre, car les plantes vivent beaucoup par les feuilles. Si la brûlure arrive avant le nettoiement, p. 46, on conserve des entre-feuilles. On pourrait diminuer le danger de la brûlure, en ébourgeonnant à la manière de M. Lanternier, p. 54. Les vignes vigoureuses sont moins exposées à la brûlure.

Ver de la vigne. — On désigne dans les livres sous le nom de *Teigne de la vigne*, un ver qui niche dans la grappe, pénètre dans l'intérieur des grains et se nourrit de la pulpe. Ce ver cause chez nous des pertes assez considérables, lorsque la végétation est languissante, soit par suite de la température, soit par suite du mauvais état des vignes. Il appartient aux vignerons d'amoindrir le mal, en débarrassant les raisins de cet insecte, à l'époque du nettoiement, page 46. Il ne faut pas confondre la teigne de la vigne avec la Pirale dont je ne dirai rien, par le motif que je ne la connais pas. Je ne parlerai pas non plus des coupe-bourgeons ou Gribouris, dont les dégâts sont peu importants.

Oïdium. — Jusqu'à ce jour l'oïdium ne s'est pas déclaré dans nos vignobles; les treilles en sont atteintes dans certains endroits depuis plusieurs années. Dès qu'on aperçoit des raisins malades, il faut s'empresser de les soufrer à l'aide du soufflet approprié à cet usage. Si l'on ne rétablit pas les graines déjà atteintes, on empêche du moins le mal de s'étendre. D'après M. Huot, le *soufrage* pour être d'une efficacité certaine, doit être pratiqué par un temps sec, et renouvelé trois fois avant, pendant et après la floraison.

Grêle. — La grêle est un fléau terrible dont les effets sont plus ou moins désastreux. Le mal est à son comble, lorsque les feuilles et les raisins sont complétement déchirés, et que les sarments ont leur écorce abîmée par les grelons. Les raisins grêlés produisent de mauvais vin. — Il y a des endroits plus exposés que d'autres à la grêle.

Telles sont dans notre contrée les causes principales de destruction pour les produits de la vigne. Nous allons maintenant parler des soins à donner aux jeunes plantations; nous parlerons ensuite de la culture des vignes en rapport.

Soins à donner aux jeunes plantations.

Nous avons dit que les plants à barbe doivent de préférence être plantés à l'automne. On attend jusqu'au printemps pour les tailler; alors on rabat les branches très-court sur un ou deux boutons. On laisse ensuite pousser la vigne sans y toucher;

on houle le terrain trois, quatre ou cinq fois pour détruire les mauvaises herbes et pour maintenir la terre meuble.

Pendant la deuxième année, on procède comme on a fait pendant la première, si ce n'est qu'on ne taille pas la vigne ; on prétend qu'en laissant les ceps garnis de toutes leurs petites branches, les racines se multiplient.

Au printemps de la troisième année, on rabat excessivement court les petites branches qui ont poussé sur les ceps. On répand sur le sol du fumier bien pourri, et l'on bêche sans enfoncer le fer trop profondément. On garnit ensuite la vigne d'échalas ; car, dans cette troisième année, l'on doit obtenir des sarments vigoureux qui seront nettoyés, page 46, et attachés en temps utile, page 47. — Au lieu de rabattre très-court les petites branches qui ont poussé sur les ceps, il y a des personnes qui préfèrent receper le cep lui-même presque rez terre ; de cette façon on obtient des branches qui sortent de terre, et les vignes sont plus longtemps jeunes. — M. Lanternier a une façon particulière de cultiver les jeunes plantations ; nous l'indiquerons page 53.

Culture des vignes en rapport.

La culture des vignes qui sont en rapport se compose des opérations suivantes : tailler, —

bêcher, — échalasser, — attacher, courber, — houler, — ébourgeonner, pincer; — 2e houler, — nettoyer, — relever; — 3e houler; — 4e houler, — vendanger, — déchalasser, — provigner, remplacer, — fumer.

Tailler la vigne.

La taille de la vigne se fait ordinairement lorsque les grands froids sont passés, à la fin de janvier ou dans le mois de février. Si l'on taille avant l'hiver, le bouton de l'extrémité des sarments est exposé à périr; et d'un autre côté, les vignes taillées à l'automne poussent plus tôt que les autres, et sont par conséquent plus sujettes aux gelées de printemps.

Pour tailler, on fait usage d'une serpette bien affilée. Il est bon de porter avec soi une petite scie pour scier les fortes branches qu'on ne pourrait pas couper avec la serpette. — On ne place jamais la taille juste au-dessus d'un bouton, le bouton serait exposé à se dessécher ; il faut laisser au-dessus du bouton deux ou trois centimètres de bois. Au moment de la taille on supprime jusqu'à leur base les branches qui ont produit des raisins l'année précédente, et l'on raccourcit à la longueur convenable les sarments ou mariens qu'on a laissés pousser au bas des branches. On taille les sarments plus ou moins long selon leur force et selon la fécondité de la vigne.

En taillant long, on obtient un plus grand nombre de raisins, mais alors les raisins sont plus petits et ils mûrissent moins bien. Il faut dire aussi qu'en taillant long, on épuise les ceps, et on nuit à la récolte de l'année suivante. On ne peut guère donner de règles sur la longueur à laisser aux branches ; nous dirons cependant que les petites espèces de raisins, telles que le petit-noir, l'Auxerrois et le Pinot, peuvent être taillées sur quatre ou cinq boutons, non compris celui qui est à la base des branches. On laisse quelques boutons de plus si l'on est dans l'usage de courber. Quant aux espèces de raisins très-fertiles, et qu'on ne courbe pas, telles que le Simoro et l'Ericé de Bourgogne, on les taille sur trois ou quatre boutons.

Bêcher la vigne.

Aux environs de Metz, on commence à labourer les vignes au mois de février, et l'on termine ordinairement en mars. On n'aime pas les labours avant l'hiver, parce que la terre se trouve tassée au printemps. — La bêche est l'instrument en usage. Lorsque les vignes sont peu enfoncées, on emploie des bêches de petite dimension de manière à ne pas offenser les souches avec le fer. — On ne doit pas bêcher lorsqu'il est tombé de la neige ou du verglas, et lorsque le sol est trop mouillé. — Il faut retourner la terre avec soin, et ne pas faire de grosses mottes ; plus la terre est divisée, plus elle profite des influences atmosphériques. Lorsque les vignes sont jeunes, il pousse des racines au collet des ceps ; il convient de les couper en bêchant, car ces racines nuiraient au développement des racines inférieures, et d'un autre côté elles gêneraient plus tard lors du provignage. La plupart des vignes étant situées sur des coteaux, on bêche soit à la descente, soit à la montée. Bêcher à la montée, c'est jeter la terre vers la partie la plus élevée de la vigne ; bêcher à la descente, c'est jeter la terre vers la partie la plus basse. Les terres étant disposées à descendre, il serait mieux de bêcher toujours à la montée, mais c'est une opération plus longue. Il faut dire aussi qu'en bêchant à la montée, le sol est retourné plus complétement.

Échalasser la vigne.

Aussitôt que les vignes sont labourées, on s'empresse d'échalasser, surtout lorsque les hâles font craindre que la terre se durcisse. L'échalassement est un travail fatigant et que les hommes seuls peuvent exécuter. Les échalas doivent être enfoncés en terre à la profondeur de 20 à 25 centimètres, de manière à soutenir les ceps et à résister aux vents. Si la terre est trop dure, on prépare les trous avec une pique en fer, ou bien l'on fend le sol avec la bêche. On commence à échalasser par le haut de la vigne. Lorsque les vignes sont cultivées en cep, on plante l'échalas tout près du cep, à quelques centimètres au-dessus. — Lorsque les vignes sont cultivées en cuveau, on plante les paisseaux en cercle autour du pied de vigne, et l'on agrandit le cercle à mesure que les ceps s'allongent par l'effet des tailles successives. On doit échalasser avant que les boutons aient commencé à grossir, car alors le moindre choc pourrait les faire tomber.

Attacher et courber la vigne.

Pendant que les hommes plantent les échalas, les femmes attachent les vignes après les paisseaux à l'aide de liens de paille. On fait usage de paille de blé ou de seigle que l'on prépare pendant l'hiver en petites bottes longues de 35 centimètres. On mouille la paille au moment de s'en servir ; il faut deux ou trois brins de paille pour un lien.

Lorsqu'on courbe la vigne, on attache le cep et la courbe avec le même lien après l'échalas. On fait avec la paille un tour à l'extrémité du marien ; on courbe ensuite le marien, et l'appliquant contre le cep, on attache le tout après l'échalas. — Les opinions sont divisées sur les effets de la courbure. Les partisans de ce système disent que la courbure a l'avantage de rapprocher les raisins du sol, et de forcer la sève à se jeter avec plus de force dans les bourgeons de remplacement. Ils ajoutent que, pour courber, il faut tailler plus long, et qu'on a par conséquent plus de chance d'avoir une récolte abondante. — Les adversaires de la courbure prétendent que, même en taillant court, on a encore assez de raisins, et que les raisins, lorsqu'ils sont moins nombreux, deviennent plus beaux et mûrissent mieux. On reconnaît toutefois que la courbure convient pour des vignes de petite race, et d'une végétation vigoureuse.

Si l'on voulait se dispenser d'attacher la vigne, on pourrait, comme cela se pratique en Hongrie, plier les branches en demi cercle et piquer leur extrémité dans la terre à la profondeur d'environ dix centimètres ; on fait le trou à l'aide d'une petite pique en fer. Il va sans dire qu'il faut tailler un peu plus long. Dans ce système, les bourgeons-mariens partant plus près du sol, les vignes n'ont pas besoin d'être provignées aussi souvent.

Houler la vigne.

Lorsqu'on a fini d'attacher les vignes, on s'occupe de les houler. Cette opération a lieu ordinairement vers le milieu du mois de mai. Pour houler, on fait usage du racloir ; et, si la terre est très-dure, on emploie le racloir à tête. En même temps qu'on détruit les mauvaises herbes, on bouche les crevasses qui ont pu se former dans le sol. Le houler est extrêmement favorable à la vigne : quand la terre est meuble, la plante profite mieux des influences atmosphériques, et ne souffre pas autant de la sécheresse. Le houler le meilleur est celui qui est fait pendant la sécheresse. On ne doit pas houler lorsqu'il pleut, car on ne ferait que déplacer les mauvaises herbes. S'il fait froid, comme cela arrive souvent au commencement de mai, il ne faut pas remuer la terre; ce serait exposer la vigne à la gelée.

Ébourgeonner et pincer la vigne.

L'ébourgeonnement et le pincement sont deux opérations d'une grande importance et qu'on fait en même temps. Elles ont lieu au commencement du mois de mai, aussitôt que la végétation est assez avancée pour qu'on puisse distinguer les raisins sur la plupart des bourgeons. Les bourgeons ont alors quelques centimètres de longueur. On doit ébourgeonner et pincer le plus tôt possible; les plaies sont moins fortes, et il y a moins de sève perdue.

Par l'ébourgeonnement on supprime les bourgeons superflus. Par le pincement on arrête le développement des bourgeons qui ne doivent produire que des raisins, de façon à concentrer la sève dans les fruits.

Lorsqu'on ébourgeonne, on conserve sur chaque cep un bourgeon vigoureux, et le plus près de terre possible : ce bourgeon qu'on appelle le *marien* est destiné à former la tige et à produire des fruits l'année suivante. — Parmi les autres bourgeons on supprime ceux qui n'ont pas de raisins ; on supprime même une partie des bourgeons ayant des raisins , s'il y a trop grande abondance de fruits. — Lors de l'ébourgeonnement, il y a un certain nombre de bourgeons qui sont peu avancés , et dont par conséquent les raisins ne sont pas visibles ; pour y toucher, on attendra qu'ils soient assez développés : cela s'appelle *recourir*. — Lorsque les vignes ont été gelées ou recepées , et qu'il a poussé des bourgeons sur la souche , ces bourgeons qui sortent du vieux bois, se cassent facilement par le vent ; et dans ce cas , il est prudent de conserver deux mariens au lieu d'un seul.

En même temps qu'on ébourgeonne, on pince avec l'ongle tous les bourgeons conservés , à l'exception des bourgeons-mariens qu'on laisse dans leur entier. En général, on pince le bourgeon immédiatement au-dessus du raisin, de manière qu'il ne reste qu'une feuille à côté du raisin ; il vaudrait mieux pincer sur la feuille qui est au-dessus du raisin , comme on fait chez quelques propriétaires : voyez à la page 54 les avantages de ce système. On donne le nom de crampons aux bourgeons qui ont été pincés et qui ne sont destinés à produire que du fruit.

Deuxième houler.

Après que les vignes ont été ébourgeonnées et pincées, on donne le deuxième houler. C'est ordinairement à la fin de mai ou dans les premiers jours de juin.

Nettoyer la vigne. — Pincer l'extrémité des mariens.

Le nettoiement commence vers le 10 juin. Voici l'aspect que présentent alors les vignes. Les bourgeons mariens qui traînent çà et là sur le sol, ont un mètre et plus de longueur. Les bourgeons-crampons se sont allongés et ont 12 à 15 centimètres de longueur. Les mariens et les crampons ont leurs entre-feuilles développées, et d'un autre côté, le bouton de l'extrémité des crampons a crevé, et a donné naissance à un bourgeon qui a quelques centimètres de longueur.

Le nettoiement consiste à enlever les vrilles, les entre-feuilles des mariens et des crampons, et à casser net, à sa base, le bourgeon qui a poussé au bout des crampons. On supprime aussi les rejets qui ont poussé çà et là depuis l'ébourgeonnement.

Il est d'usage de commencer le nettoiement de très-bonne heure et aussitôt que les vignes commencent à fleurir. Si l'on attend trop tard, les bourgeons, les entre-feuilles et les vrilles sont devenus durs ; et alors on déchire le bois de la vigne et l'on s'expose à nuire beaucoup aux raisins. Lorsqu'on fait le nettoiement en temps propice, les vrilles se coupent facilement avec l'ongle, les entre-feuilles tombent sous la pression du doigt, et le bourgeon de l'extrémité des crampons éclate facilement à la base.

Si l'on écoutait la théorie, on serait disposé à blâmer le nettoiement qui vient déranger la marche de la sève dans le moment si important de la fécondation ; la pratique ne semble pas justifier ces inquiétudes, et l'on s'accorde à dire que les vignes sont moins belles, lorsqu'elles sont nettoyées tard et après que la fleur est complétement passée. En même temps qu'on nettoie, l'on fait tomber les vers qui se trouvent sur les grappes de raisin.

En même temps qu'on procède au nettoiement, on pince l'extrémité des mariens, dont on coupe avec l'ongle quelques centimètres ; on prétend que cela fortifie les mariens. Après cette opération, il est d'usage de ne plus toucher aux mariens qu'on laisse pousser en toute liberté. Il y a cependant quelques propriétaires qui arrêtent les mariens à la hauteur des échalas ; voyez ce qui est dit à ce sujet, page 54.

Relever la vigne.

Au commencement de juillet, lorsque le nettoiement est terminé, on relève les mariens et on les attache aux échalas à l'aide de liens de paille. On met ordinairement deux liens, rarement trois; quelquefois un seul lien suffit.

Dans les vignes échalassées au moyen de fils de fer, M. Collignon conseille de ne relever les mariens que très-tard, à la fin de juillet; on les attache tout droits, au deuxième fil de fer, par un seul lien, en ayant soin de commencer par faire un tour avec la paille sur le fil de fer; on laisse pendre les sommités dans les intervalles des rayons. Il y a quelques années, on couchait les mariens sur le fil de fer; il a été reconnu que la vigne poussait moins bien.

Troisième et quatrième houler.

Aussitôt que les vignes ont été relevées, on donne le 3e houler. Le 4e houler a lieu sur la fin du mois d'août et quelquefois au commencement de septembre. Nous rappelons que les vignes doivent toujours être nettes de mauvaises herbes: c'est un point sur lequel on ne saurait trop insister.

Vendanger la vigne.

Voyez chapitre III.

Déchalasser la vigne.

Les échalas pourrissent en terre, et l'on doit déchalasser le plus tôt possible, dans les premiers jours de novembre. Après avoir arraché les échalas, l'on en fait des tas qu'on appelle *mouées*.

Provigner la vigne.

Le but qu'on se propose par le provignage c'est de rajeunir la vigne en lui faisant prendre de nouvelles racines, et en rapprochant de terre la partie du cep qui produit du fruit. Cette opération doit être faite avec beaucoup de soin. M. Lanternier ne provigne pas ; voyez page 53.

On provigne en automne aussitôt après la chute des feuilles : on peut aussi provigner au printemps, mais il ne faut pas attendre que les boutons soient déjà gonflés par la sève. On ne doit pas provigner quand il pleut, quand il y a de la neige sur terre, et quand les sarments sont couverts de givre.

Avant de provigner on taille les vignes comme nous l'avons dit, page 39 ; seulement on laisse aux mariens beaucoup plus de longueur. Cela fait, on ouvre, au-dessus du cep à provigner, une jauge profonde de 25 centimètres environ ; et puis, déterrant tout à fait le pied de vigne, on couche dans la jauge tout le vieux bois et une partie du marien dont on laisse sortir deux ou trois boutons. Les souches doivent être enterrées assez profondément pour n'être pas atteintes, lors du labour, par le fer de la bêche. Si, par suite d'un provignage précédent, il existe déjà dans le sol d'anciennes souches, il faut passer à côté et quelquefois même passer par dessous. On doit tâcher d'espacer régulièrement les ceps. Il est facile de provigner en ligne droite ; une fois les lignes tracées à l'aide d'échalas, les ouvriers n'ont plus qu'à tendre des cordeaux le long de ces échalas.

L'année qui précède le provignage, il est bon de fumer la vigne que l'on veut provigner ; on obtient de cette manière des mariens vigoureux, et l'on a une récolte abondante l'année même du provignage. — Les vignes cultivées en cep se provignent tous les sept ou huit ans ; les vignes cultivées en cuveau se provignent moins souvent. Il faut, au reste, avoir égard à la nature du sol et à l'espèce des raisins.

Remplacer les ceps manquants çà et là.

Lorsqu'il est arrivé que des ceps ont péri çà et là dans une vigne, voici comment on peut les remplacer : on élève des mariens en plus sur les pieds de vigne voisins des endroits dégarnis, et puis on provigne comme nous l'avons indiqué plus haut. — Il y a un autre moyen indiqué par M. Lamy, d'Ars. Ce procédé est très-simple. Pour regarnir les places vides, on y amène les branches des ceps les plus voisins, que l'on courbe comme si l'on voulait faire des marcottes : on a soin de les enfoncer en terre à la profondeur d'au moins

25 centimètres. Deux ans après, on sépare les marcottes de leur tige, et de la sorte on obtient des ceps en plus qu'on laisse sur place ; il faut seulement enfoncer en terre l'extrémité inférieure de ces marcottes et piquer le bout dans le fond du sol, toujours pour donner de la solidité au cep.

Fumer la vigne.

Il est nécessaire d'amender les vignes de temps en temps, si l'on veut obtenir des récoltes abondantes. Les engrais dont on se sert communément, sont la terre et le fumier.

Fumier. — Les fumiers les plus employés sont ceux de vache et de cheval. Le fumier de vache qui est gras et humide, convient pour les terres légères ; le fumier de cheval qui est plus sec, convient pour les terres fortes. — On peut employer le fumier lorsqu'il est frais ou lorsqu'il est pourri. Le fumier frais dure plus longtemps ; mais, selon M. de Chazelles, le contact du fumier qui n'est pas pourri, est dangereux pour les racines de la vigne. — Le fumier de cheval, pour arriver à l'état de décomposition convenable, a besoin de subir une fermentation ; si l'on s'aperçoit qu'il moisisse au lieu de pourrir, il faut le retourner et l'étendre en couches peu épaisses pour que la pluie le pénètre ; on l'arrose au besoin. Une excellente chose, lorsque le fumier fermente, c'est de répandre sur le tas une légère couche de plâtre, pour absorber les gaz qui se dégagent dans l'air. On doit veiller aussi à la conservation des eaux de fumier, qu'on laisse perdre trop souvent.

En général on fait porter le fumier dans les vignes très peu de temps avant le labour. On profite des gelées qui surviennent à la fin de janvier et dans le cours de février. Ce transport s'opère à l'aide de hottes. — Il y a des personnes qui préfèrent transporter le fumier en été, au mois de juillet. On fait ce travail pendant la sécheresse afin de ne pas piétiner les vignes, et on répand le fumier sur le sol, lorsque le temps se met à la pluie; les vignes ne tardent pas à profiter de l'engrais. Ce procédé qui est celui de M. de Chazelles, convient pour les terres chaudes; le fumier répandu sur le sol y maintient une certaine humidité favorable à la végétation. — Il ne faut pas mettre trop de fumier dans les vignes, le bois deviendrait trop gros et trop moelleux, il pousserait trop tard, mûrirait mal et serait sujet à la gelée d'hiver. D'un autre côté, les raisins pourriraient et le vin serait exposé à la graisse. M. Lanternier ne met pas de fumier pur dans ses vignes; il ne l'emploie que mélangé avec de la terre.

Terre. — La terre est, de l'avis de tout le monde, l'engrais qui convient le mieux aux vignes; c'est aussi celui qui dure le plus longtemps. C'est la terre que M. Lanternier préconise par-dessus tout ; il indique aussi comme produisant d'excellents effets, les platras, les décombres moulus et les sables gras qu'on enlève sous les pavés des villes. — Les terres qu'on peut se procurer, ne sont pas toutes d'égale qualité, mais les moins bonnes ne laissent pas de produire encore un certain résultat. — Les boues de route qui n'ont rien de fertilisant, peuvent être utiles dans un terrain compacte, pour le diviser et le rendre plus perméable aux racines de la vigne. — Les terres qu'on extrait de l'eau, ont besoin de rester exposées à l'air pendant quelque temps avant d'être employées.

A côté des terres et des fumiers de différentes espèces, on peut encore employer comme engrais une foule de débris animaux ou végétaux, les débris de laine et de corne, les marcs de raisins, les cendres, etc.

Dans les pages qui précèdent, j'ai indiqué la méthode de culture la plus ordinaire aux environs de Metz ; il me reste à parler de quelques modes particuliers.

Méthode de M. Lanternier.

M. Lanternier possède dans le village de Guentrange, près de Thionville, un vignoble considérable ; je n'ai vu nulle part de plus belles vignes.

J'ai dit à la page 22 que les vignes de M. Lanternier sont plantées en ligne droite ; ces lignes sont à un mètre de distance, et dans les lignes les ceps sont à 50 centimètres l'un de l'autre. Sur chaque cep, M. Lanternier élève deux bourgeons mariens qu'il attache au même échalas ; et soit dit en passant, M. Lanternier emploie moitié moins d'échalas que dans la méthode ordinaire.

Dès que les mariens ont atteint 15 à 20 centimètres, ils sont fixés à l'échalas par un premier lien ; de cette manière ils poussent droit, et ne sont pas exposés à être brisés par le vent. — Plus tard les mariens sont pincés à la hauteur de l'échalas, c'est-à-dire à 1 mètre 25 centimètres environ ; et dans le cours de l'année, les bourgeons qui poussent à l'extrémité des mariens sont eux-mêmes pincés à deux ou trois reprises, et chaque fois au-dessus du premier bouton. De cette manière, il n'y a jamais de sarments qui pendent dans les rayons ; le bois des mariens devient moins fort, mais il est plus *raisineux* et il mûrit plus tôt.

A l'époque du pincement, M. Lanternier n'arrête pas les crampons juste sur le raisin. Il laisse une feuille au-dessus du raisin ; et, lors du nettoiement, au lieu de casser jusqu'à la base les bourgeons qui ont poussé au bout des crampons, M. Lanternier les pince sur un œil, et de cet œil il sort un nouveau bourgeon qui à son tour est encore pincé sur un œil. Au lieu de n'avoir qu'une feuille au bout des crampons, on a un bouquet de feuilles ; cela entretient une plus grande abondance de sève : le raisin devient plus beau, on a moins à craindre la brûlure, et ce bouquet de feuilles est aussi un préservatif contre la grêle.

M. Lanternier n'est pas partisan du provignage. Il préfère replanter ses vignes lorsque les produits diminuent; c'est ordinairement au bout de vingt-cinq ou trente ans. Pour maintenir ses vignes jeunes et empêcher les souches de s'allonger, il ménage avec soin les petites pousses qui sortent du vieux bois tout près de terre; et, quand ces pousses ont acquis de la force, ce qui n'arrive quelquefois que la 2e ou la 3e année, il rabat les ceps au-dessus de ces pousses ; pour cette opération il fait usage d'une scie.

Les deux mariens que M. Lanternier élève annuellement sur chaque cep, sont taillés en février, l'un sur trois ou quatre boutons, l'autre sur huit, neuf et dix ; et ce dernier marien est courbé. La végétation est assez vigoureuse à Guentrange, pour qu'il soit nécessaire de tailler très-long et de courber les petites espèces de raisins.

M. Lanternier cultive séparément chaque variété de vigne. Le motif de cette culture séparée, c'est que toutes les vignes ne poussant pas également tôt, l'ébourgeonnement, le pincement et le nettoiement ne peuvent se faire pour toutes à la même époque. Il y a aussi des variétés de vigne, telles que le Pinot, qu'il faut nettoyer plus souvent que d'autres.

Dans les plantations, M. Lanternier ne fait usage que de plants enracinés ; et, avant de planter, il prépare le terrain avec soin comme nous l'avons expliqué à la page 18. — M. Lanternier ne traite pas les jeunes plantations comme on le fait généralement. Dès la première année, il ébourgeonne et il ne conserve sur chaque cep qu'un bourgeon-marien. La deuxième année, il taille court, sur deux yeux, et il n'élève encore qu'un seul marien qui déjà est plus vigoureux. La troisième année, il taille le marien sur trois, quatre ou cinq boutons ; et, le pied de vigne étant devenu fort, il élève deux mariens au lieu d'un seul. Cette troisième année, il obtient déjà une récolte assez abondante.

Tout m'a paru parfait dans le système de culture de M. Lanternier, l'abondance de la récolte s'unit à la qualité. Il faut dire que M. Lanternier cultive par lui-même. Il a un maître-vigneron ; et, au moment des travaux qu'il exécute toujours en temps utile, il trouve dans le village de Guentrange les ouvriers dont il a besoin.

Méthode de MM. Guyot et Trouillet.

Je ne décrirai pas ces nouvelles méthodes; ce serait sortir du cadre que je me suis tracé : on pourra recourir aux ouvrages que ces Messieurs ont publiés.

M. Trouillet a changé complétement la culture de la vigne. Le cep, élevé sur une tige, se soutient de lui-même, et l'art consiste surtout dans la manière de pincer les bourgeons. M. Pistor-Paillet, dans un mémoire présenté au Comice de Metz, en 1860, a parlé des résultats merveilleux, obtenus à Malzéville, près de Nancy. Quelques personnes ont essayé cette méthode dans notre département; je citerai M. Blanpied, au Ban-Saint-Martin, M. Carreau, à Lorry-devant-le-Pont, et M. le baron Bertrand, à Bertrange.

Le changement principal introduit dans la culture par M. le docteur Guyot, consiste en ce que le marien est taillé excessivement tard, à la fin de mai, lorsque la gelée n'est plus à craindre. Je connais un propriétaire, très-soigneux d'ailleurs, qui s'est mal trouvé de cette taille tardive; d'un autre côté, M. Jacquin m'a dit en avoir obtenu d'excellents effets contre la gelée. On fera bien d'aller à Scy voir les vignes de M. Jacquin; elles sont cultivées dans la perfection, et d'après un système qui mérite d'être étudié.

CHAPITRE III.

Vendange et fabrication du vin. — Époque de la vendange. — Cueillette du raisin. — Transport du raisin a la cuverie. — Dépot du raisin dans les cuves. — Renseignements relatifs aux cuves. Egrapper le raisin. — Fouler, écraser le raisin. — Réchauffer la vendange. — Sucrer la vendange. — Appareil pour tenir les grappes plongées dans le vin. — Couvrir les cuves. — Fermentation des cuves, phénomènes. — Fouler les cuves pendant la fermentation. — Combien de temps doit-on laisser cuver ? — Renseignements relatifs au vin de pelle, aux vins blancs. — — Mettre les cuves en perce. — Pressurer.

Époque de la vendange.

La vendange se fait ordinairement dans la première quinzaine d'octobre. En général, on vendange trop tôt ; on ne s'imagine pas combien quelques jours en plus de maturité ajoutent à la qualité du vin.

Aux environs de Metz où les vignes sont mises en ban, les maires des communes, accompagnés d'un certain nombre de propriétaires, parcourent les vignes ; et, à la suite de cette visite, on arrête le jour de la vendange. On s'est plaint quelquefois des bans de vendange, mais en général cette servitude est acceptée facilement, parce qu'elle protége la propriété.

Cueillette du raisin et transport à la cuverie.

Lorsque le jour de la vendange a été fixé, on s'occupe d'organiser sa troupe de vendangeurs ; on tâche d'avoir beaucoup de monde pour finir le plus rapidement possible.

Parmi les vendangeurs, les uns coupent les raisins, les autres vident les paniers, d'autres enfin portent les hottes. Les personnes qui coupent les raisins doivent être munies de ciseaux ; les couteaux secouent les grappes, et font tomber les grains les plus mûrs ; les queues doivent être coupées court. On doit veiller à ce que les vendangeurs ne laissent pas de raisins sur les ceps. — Il va sans dire qu'il ne faut pas récolter les raisins flétris. Quant aux raisins un peu pourris, ils ne font pas de mauvais vin ; voyez l'ouvrage de M. le docteur Guyot.

Lorsque les vendangeurs ont rempli leurs paniers, on vide les raisins dans les hottes. L'ouvrier chargé de ce travail doit être leste, et avoir toujours un panier qu'il donne en échange de celui qu'il enlève. Les hottes sont en bois de sapin, cerclées en fer, et garnies de bretelles en osier. C'est le videur de paniers qui aide les porteurs à charger les hottes. Si la vigne est éloignée du vendangeoir, on forme plusieurs relais de porteurs; ou bien on fait usage de voitures sur lesquelles on place des cuviers et, à leur défaut, des tonneaux défoncés.

Dépôt de la vendange dans les cuves. — Renseignements relatifs aux cuves.

De la vigne la vendange est transportée au vendangeoir, et déposée dans des cuves, à moins qu'on ne veuille avoir du vin parfaitement blanc, car alors le raisin est mis tout de suite sur le pressoir. Une cuve doit être remplie le plus promptement possible, afin que la fermentation commence en même temps pour toute la masse. La vendange augmentant de volume par la fermentation, il ne faut pas remplir les cuves complétement.

Les cuves sont en bois de chêne, cerclées en fer, et plus étroites par le haut afin de maintenir les cercles; leur dimension est proportionnée à la force du pressoir. Les cuves sont posées sur des poutres ou sur de petits murs, à 50 ou 60 centimètres au-dessus du sol: il faut pouvoir passer dessous pour examiner si elles ne coulent pas.

Cinq ou six jours avant la vendange, on doit

abreuver les cuves. Après les avoir nettoyées, on y jette une certaine quantité d'eau pour bien imbiber le fond ; tous les jours, on arrose intérieurement les douves du tour. On renouvelle l'eau si cela est nécessaire. Quelques personnes mêlent à l'eau une certaine quantité de chaux vive, soit pour enlever la mauvaise odeur du bois, soit plutôt pour empêcher l'eau de se corrompre. On vide les cuves au moment de s'en servir. — Les foudres ont besoin d'être abreuvés avec de l'eau chaude.

Lorsqu'une cuve est pleine, il arrive quelquefois qu'elle coule. A l'extérieur, on bouche les fentes avec du coton, du papier gris ou du suif ; à l'intérieur, on cherche à faire glisser de la cendre sur la partie qui est trouée. Pour y parvenir, on enfonce une planche dans la vendange; et, après l'avoir un peu remuée pour écarter les grappes, on jette de la cendre qui descendant le long de la planche va se déposer à l'endroit où la cuve coule.

Quand la place manque, si l'on a des foudres dans sa cave, on peut y déposer l'excédant de la vendange, en pratiquant dans la partie supérieure, à la place de la bonde, une ouverture assez grande pour le passage du raisin. J'ai vu chez M. Dauphin, à Pange, un arrangement qui m'a paru très-commode. La cave est sous la cuverie, et dans la voûte on a pratiqué, de distance en distance, des trous assez larges pour donner passage à un tuyau de fer-blanc ayant 20 centimètres de diamètre. Ce tuyau dont l'extrémité inférieure aboutit au foudre que l'on veut remplir, est garni par le haut d'une espèce d'entonnoir en bois, auquel on adapte un cylindre, page 63. On jette les raisins sur le cylindre, on les écrase et la vendange tombant dans l'entonnoir, est conduite dans le foudre. Il est inutile de dire que tout cet appareil est portatif.

Il y a, près de Thionville, à Guentrange, des cuves en maçonnerie, mais ces cuves qui sont très-froides, ne valent pas les cuves de bois.

Égrapper une partie des raisins, lorsqu'ils ne sont pas mûrs, avant de les jetter dans les cuves.

Dans la Moselle, il y a très-peu de personnes qui égrappent, et encore n'est-ce que dans les mauvaises années. On comprend qu'en enlevant une partie des grappes, le vin a moins d'âpreté.

Pour égrapper on se sert d'une claie dont la grandeur est proportionnée à celle des cuves. Cette claie, entourée de planches formant un rebord de 10 à 15 centimètres, est composée de lattes de sapin, peu épaisses, distantes l'une de l'autre de 2 centimètres et clouées sur des traverses.

La claie se place au-dessus de la cuve; les porteurs y déposent la vendange. Chez M. Lanternier, on promène le raisin en le frappant avec des pelles de bois. Chez M. de Chazelles, on fait usage des râteaux de bois à dents courtes. Les grains se détachent, et ils tombent dans la cuve en passant à travers les interstices de la claie. On jette les rafles dans une cuve à part; et, lorsqu'il y en a une quantité suffisante, on les porte sur le pressoir pour en extraire le peu de vin qu'elles contiennent.

Fouler, écraser les raisins, à mesure qu'on les jette dans les cuves. Foulage à l'aide des pieds, à l'aide de fouloirs, de pelles en bois; foulage à l'aide de cylindres.

Il faut écraser les raisins, au fur et à mesure qu'on les jette dans les cuves. L'air étant nécessaire pour mettre la fermentation en train, on se propose, en brisant l'enveloppe des raisins, de mettre leur intérieur en contact avec l'air. De cette façon, on hâte la fermentation de la vendange, et on la rend plus égale pour toute la masse.

On comprend qu'il n'est pas utile que les raisins soient fortement écrasés; il suffit qu'ils soient crevés. L'opération du foulage se fait d'une manière plus ou moins complète. Pour écraser les raisins, les uns se servent de fouloirs ou de pelles en bois; les autres écrasent à l'aide des pieds. Quelques personnes, et je suis du nombre, emploient pour cette opération un instrument qui est très-commode, et que l'on connaît dans notre pays sous le nom de cylindre. Ce sont deux rouleaux de chêne ayant 80 centimètres de longueur sur 10 centimètres de diamètre, et qui sont maintenus dans un cadre en bois, à la distance d'un centimètre ; on les fait marcher l'un contre l'autre au moyen d'un engrenage et d'une manivelle. Au dessus de ces rouleaux on place une caisse qui va en se rétrécissant par le bas, et dans laquelle on jette les raisins. Les raisins posent sur les rouleaux, qui en tournant les entraînent entre eux et les écrasent. Il faut dire que les rouleaux sont recouverts de clous sans tête ou d'un treillage en fil de fer, de manière à accrocher les raisins. On place le cylindre au dessus de la cuve que l'on veut remplir. J'ai vu des cylindres très-bien faits chez M. de Chazelles. Ils avaient coûté 36 francs, et sortaient de l'atelier de M. Léonard, serrurier à Ancy, près de Metz.

Réchauffer la vendange pour accélérer la fermentation dans les mauvaises années.

Lorsqu'il fait froid, et que le raisin n'est pas mûr, la fermentation s'établit difficilement dans les cuves, et il peut être utile de les réchauffer. Voici le procédé que quelques personnes m'ont dit avoir employé avec succès.

Aussitôt que la cuve est pleine (et nous supposons qu'elle contient 30 hectolitres de vin) on en tire 150 à 200 litres de moût que l'on fait chauffer dans des chaudières. Au moment où le moût va bouillir (et il ne faut pas le laisser bouillir dans la crainte qu'il ne contracte un goût de vin cuit), on le jette sur la vendange et on l'y mêle le mieux possible. La fermentation ne tarde pas à s'établir.

Sucrer la vendange, lorsque le raisin n'est pas mûr, pour améliorer le vin.

Dans les mauvaises années, lorsque le raisin n'est pas mûr, on peut améliorer la vendange en la sucrant à l'aide du glucose ou sucre de fécule. La quantité de glucose varie suivant la qualité du raisin. Un propriétaire en qui j'ai grande confiance m'a dit que, calcul fait des hectolitres de vin contenu dans la cuve que l'on veut sucrer, on devait mettre au plus 2 kilogrammes 1/2 de glucose par hectolitre de vin.

Dès que la cuve est remplie, on prépare du moût, comme si l'on voulait réchauffer la vendange (voyez page 64); on y dissout le glucose et l'on répand ce mélange chaud dans la cuve. A l'aide de ce procédé la fermentation de la cuve se fait mieux, et le vin prend plus de couleur et plus de qualité. Le glucose ne coûte que 40 centimes le kilogramme; cette petite dépense est compensée par l'amélioration du vin et par l'excédant de quantité, car la vendange ainsi préparée, se pressure mieux.

Le glucose ou sucre de fécule est de la même nature que le sucre de raisin ; et, de même que le sucre de raisin, il se transforme en alcool et en acide carbonique. On comprend toutefois que le sucre brut ou de bonne cassonnade vaudrait mieux que le sucre de glucose, mais ce serait une dépense beaucoup plus considérable. Je n'ai sucré qu'une seule fois, en 1860, et d'après le conseil de M. le docteur Méry, j'ai employé de la cassonnade.

Appareil pour tenir les grappes plongées dans le vin.

Il y a quelques propriétaires qui, dans l'espoir d'obtenir une fermentation plus complète, font en sorte de tenir les grappes plongées dans le vin ; dans ce système, le chapeau de la vendange doit toujours baigner dans le vin, sans cependant que le vin s'élève au-dessus du chapeau. On obtient ce résultat en posant sur la vendange un couvercle formé en planches ou en lattes de sapin, et en pressant plus ou moins sur ce couvercle, soit (comme chez M. le docteur Méry, à Ars), au moyen de montants de bois appuyés contre le plafond de la cuverie, soit (comme chez M. le président Limbourg, à Longeville), au moyen de vis adaptées aux parois de la cuve. Il va sans dire qu'il faut visiter ses cuves tous les jours pour suivre le mouvement de la fermentation. — Ce procédé qui exige certains soins, n'est pas à la portée de tout le monde, et pour plus de détails, on pourra consulter les personnes dont je viens de parler.

Couvrir les cuves lorsqu'elles sont remplies, pour empêcher le chapeau de s'aigrir par le contact de l'air.

L'air est nécessaire pour établir la fermentation, mais aussitôt que la fermentation a commencé, le contact de l'air devient dangereux ; si donc l'on ne veut pas avoir du vin exposé à se gâter, il est indispensable de protéger la vendange contre le contact de l'air. C'est à cause du contact de l'air que le chapeau de la vendange se moisit et que la cuve se pique (voy. p. 69); le danger est d'autant plus grand que la vendange cuve plus longtemps.

Pour empêcher le dessus de la vendange d'être en contact avec l'air, le moyen est bien simple ; il ne faut pas remplir les cuves tout à fait, on laisse 30 à 35 centimètres de vide. Le gaz carbonique qui s'échappe de la vendange et qui est plus lourd que l'air, reste au-dessus de la vendange, et forme une couverture naturelle. Lorsque la cuve est tout à fait pleine, le gaz carbonique s'écoule tout autour, comme un liquide qui déborde un vase.

On sait que le chapeau s'élève par suite de la fermentation ; mais, pour protéger la vendange, il suffit qu'il reste au-dessus une couche de gaz carbonique ayant dix centimètres de hauteur.

Cependant comme les courants d'air qui règnent dans les cuveries, pourraient déplacer le gaz carbonique, il convient de couvrir les cuves avec des planches, des toiles ou des paillassons ; je me sers de couvercles en planches. M. Abel cite un village, près de Thionville, où l'on couvre les cuves avec des toiles. Il n'est pas nécessaire d'avoir une fermeture complète, hermétique (voyez l'ouvrage de M. Ladrey). Au moyen de ces précautions, le chapeau de la vendange ne s'aigrit pas, et le vin n'est pas exposé à se gâter au bout d'un certain temps.

Si, à cause du défaut de place, on était obligé de remplir tout à fait ses cuves, on ferait bien de mettre au-dessus de la vendange une couche de raisins qu'on aurait soin de ne pas écraser. Les raisins dont l'enveloppe est intacte, ne s'aigrissent que lentement ; on ne laisserait pas d'ailleurs cuver trop longtemps.

Lorsque malheureusement le chapeau de la vendange est blanchi par la moisissure, il faut bien se garder de le refouler dans la cuve, ce serait ajouter encore à l'élément acide que le vin contient déjà par suite de son contact avec le chapeau ; on doit faire le vin le plus tôt possible, et pressurer le chapeau à part.

Fermentation de la vendange. Fermentation vineuse ou alcoolique ; fermentation acide ou acéteuse.

Les renseignements sur la fermentation m'ont été fournis par M. le docteur Langlois.

Je commencerai par dire un mot de la composition du raisin. Les grains contiennent une matière liquide qu'on appelle moût, et qui se compose principalement d'eau, de sucre de raisin, de tartre, sorte de sel légèrement acide, et d'une substance végéto-animale que nous appellerons la levure. — Le tartre, le sucre de raisin et la levure sont en dissolution dans le moût. — Les rafles des raisins et les enveloppes ou peaux renfèrment du tanin. — Les enveloppes contiennent en outre une matière colorante plus ou moins foncée. — Il parait que les pepins ne jouent pas un rôle actif dans la composition du vin.

Lorsqu'on a déposé des raisins dans une cuve, la vendange ne tarde pas à fermenter. Voici ce qui se passe. L'air se compose, comme on sait, de 79 parties d'azote et de 21 parties d'oxygène. Eh bien, l'oxygène de l'air, se combinant avec la levure, provoque la fermentation du sucre de raisin, qui se métamorphose en acide carbonique et en alcool. Le sucre de raisin ne fermenterait pas sans la présence de la levure ; et la levure elle-même, pour exercer son action, a besoin de se combiner avec l'oxygène. Disons cependant qu'une fois établie, la fermentation peut se continuer sans le concours de l'oxygène.

La quantité de levure n'est jamais en proportion exacte avec la quantité de sucre de raisin. Si la vendange est peu sucrée, il reste encore une certaine quantité de levure, après la transformation de tout le sucre en acide carbonique et en alcool. — Si, au contraire, la vendange est très-sucrée, après que toute la levure est épuisée, il reste encore du sucre de raisin non décomposé ; c'est ce qui arrive pour les vins de liqueur. — La levure qui a servi à métamorphoser le sucre de raisin en acide carbonique et en alcool, est épuisé ; elle se dépose avec la lie.

Pendant la fermentation, il se fait dans la cuve une sorte de bouillonnement ; les bulles d'acide carbonique viennent crever à la surface, toute la vendange se gonfle ; et au-dessus il se forme une mousse épaisse composée d'acide carbonique et d'une matière visqueuse. Il n'est pas inutile de rappeler que le gaz acide carbonique est très-dangereux à respirer; ainsi l'on ne doit pénétrer qu'avec précaution dans les cuveries fermées et surtout dans les caves, lorsque la fermentation est en pleine activité. Pour éviter les accidents, il suffit de porter avec soi une lumière qui, en s'éteignant, avertit du danger.

Plus il y a de sucre dans le raisin, plus il se forme d'alcool. C'est à l'aide de l'alcool que se dissout la couleur qui est contenue dans les enveloppes, et qui donne au vin une teinte particulière. Pendant la fermentation, le tanin qui est renfermé dans les grappes et dans les enveloppes se dissout. Le tanin peut contribuer à donner de la saveur au vin; mais, s'il est en excès, il lui comunique de l'âpreté. Les vins qui contiennent du tanin sont considérés comme plus toniques.

Lorsqu'au lieu de déposer le raisin dans des cuves, on le pressure immédiatement, on obtient un vin qui est tout à fait blanc, et qui ne contient pour ainsi dire pas de tanin; cela se comprend puisque le moût n'a cuvé ni avec les grappes ni avec les enveloppes. Le moût fermente d'ailleurs dans les tonneaux tout comme dans les cuves, c'est-à-dire que le sucre de raisin, grâce à la levure, se transforme en alcool et en acide carbonique.

C'est le mélange d'eau, d'alcool, d'acide carbonique, de sel de tartre, de tanin, etc., qui compose le vin. On ne ferait pas du vin avec de l'eau et de l'alcool seulement. — On a cherché d'où pouvait provenir le bouquet, mais son principe a échappé aux investigations de la science.

Jusqu'à présent nous n'avons parlé que de la fermentation vineuse ou alcoolique. Nous allons dire un mot de la fermentation acide ou acéteuse.

Après que tout le sucre de raisin a été transformé en acide carbonique et en alcool, il reste encore dans le liquide une certaine quantité de levure. Cette levure mise en mouvement par l'oxygène, et ne trouvant plus à exercer son action sur le sucre de raisin, s'attaque alors à l'alcool et le transforme en vinaigre : c'est la fermentation acéteuse. On voit combien il est important de couvrir les cuves, pour mettre la vendange à l'abri du contact de l'air.

Fouler les cuves pendant le cours de la fermentation.

Il y a des propriétaires qui, dans l'espoir d'avoir plus de couleur, foulent les cuves pendant le cours de la fermentation. Ceux qui laissent cuver peu de temps, 5, 6 ou 7 jours, foulent une fois, ordinairement 24 heures avant de pressurer ; ceux qui laissent cuver longtemps, 10, 12 ou 15 jours, foulent deux ou trois fois.

On n'est pas d'accord sur les bons effets du foulage dans le cours de la fermentation, et beaucoup de personnes, après que les cuves ont été arrangées, n'y touchent plus jusqu'au pressurage, notamment les personnes qui couvrent leurs cuves (voyez page 67), ou qui tiennent les grappes plongées dans le vin ; voyez page 66.

Ne laisser cuver la vendange que le temps nécessaire pour obtenir le degré de couleur et la quantité de tanin désirables.

On ne peut pas dire d'une manière précise combien de temps il faut laisser cuver la vendange ; cela dépend de la qualité et de la maturité du raisin, de la chaleur de l'atmosphère, etc. ; cela dépend aussi du goût des consommateurs.

Si l'on veut avoir des vins doux, ayant tout leur bouquet, suffisamment colorés et potables de bonne heure, il ne faut pas laisser cuver longtemps ; on doit faire le vin dès que la fermentation n'augmente plus, lorsque le chapeau cesse de monter ou du moins aussitôt qu'il descend ; c'est ordinairement du 5e au 8e jour.

Si l'on veut avoir des vins très-colorés, et très-fermes, on laisse cuver dix, douze ou même quinze jours.

On comprend que les vins qui cuvent longtemps se chargent de plus de tanin, et que par conséquent ils contractent une saveur acerbe. Pour mon compte, je laisse cuver peu de temps, mais j'ai ouï dire à des personnes très-éclairées que le vin qui a cuvé longtemps, perd son âpreté en vieillissant, qu'il a beaucoup de force et qu'il se garde très-bien.

Il ne faut pas croire cependant que les vins qui ont beaucoup cuvé, se gardent mieux que ceux qui ont peu cuvé. Tout le monde sait que les vins blancs qui n'ont pas cuvé du tout, se conservent plus longtemps que les vins rouges. Tout le monde sait aussi que moins les vins ont cuvé, plus ils ont d'alcool (voyez l'ouvrage de M. Ladrey).

Au milieu de ce conflit, le parti le plus sûr c'est d'imiter les propriétaires du voisinage qui ont la réputation de faire le mieux.

Je rappelle que plus les vins cuvent longtemps plus il faut prendre de précaution pour empêcher la vendange de s'aigrir par le contact de l'air.

Renseignements relatifs au vin de pelle.

On ne fait du vin de pelle que dans les bonnes années et avec des raisins de bonne qualité. Après que les raisins ont été écrasés convenablement, deux hommes que l'on relève, descendent dans la cuve, et pendant 36 heures au moins battent constamment la vendange qu'ils se renvoient l'un à l'autre sans discontinuer jusqu'à ce que tous les grains soient détachés des grappes, et que les pellicules soient pour ainsi dire devenues transparentes ; alors on soutire, on met en tonneau et on laisse fermenter : on a un vin très-délicat et d'une jolie couleur.

Renseignements relatifs aux vins blancs.

Quand on veut faire du vin blanc avec des raisins noirs, il ne faut pas laisser cuver du tout; on porte tout de suite la vendange sur le pressoir. — Les vins blancs, lorsqu'ils sont faits avec des raisins noirs, ne conviennent pas à tous les estomacs, ils manquent de tanin et contiennent beaucoup d'alcool; on évitera ces inconvénients en faisant du vin blanc avec de la vendange blanche qu'on laissera cuver quelques jours.

Mettre les cuves en perce.

Lorsque le moment est venu de faire le vin on adapte une anche à la cuve; le vin s'écoule dans une cuvelle et on l'y puise pour le porter à l'aide de hottes dans les foudres ou dans les tonneaux. Dans quelques endroits, le vin descend de la cuverie à la cave par des tuyaux de fer-blanc qui passent à travers les murs. — Le vin qui découle de la cuve s'appelle vin de pied-chaud.

Pressurer la vendange.

Lorsqu'on a tiré de la cuve tout le vin qui peut en sortir, on s'empresse de porter les marcs sur le pressoir, parce qu'ils ne tarderaient pas à s'échauffer. Il y a des pressoirs de différentes con-tructions. Les pressoirs à bascule sont enco considérés comme les plus commodes, parce qu le poids agit constamment, et que l'ouvrier n pas besoin d'être toujours là. Les pressoirs la Jaunez ou à vis tiennent moins de place, dans ces derniers temps ils ont été singulièremen perfectionnés par M. Vilmote, serrurier-mécanier à Plantières, près de Metz. — Sur les pressoirs bascule un pain de vendange reste ordinairemen 24 heures; mais, en cas d'urgence, l'on parvie à faire le pressurage en 10 ou 12 heures. On e moins longtemps sur les pressoirs à vis. Il e inutile de dire que dans l'opération du pressurage le vin doit être laissé exposé à l'air le moins po sible, toujours dans la crainte de l'acidificatio Dans les vendangeoirs bien organisés, la pier où tombe le vin est garnie d'un couvercle en bo que l'on ferme au besoin par un cadenas. U panier à claire-voie, en osier ou en fil de fe galvanisé, retient les rafles et les empêche d tomber avec le vin dans la pierre.

Il est d'usage de donner au moins quat tailles à un pain de vendange. Le vin qui coul du pressoir après la première taille, est plus dou à boire que celui de pied-chaud ; cela vient san doute de ce qu'il est le produit de grains de raisin qui sont restés entiers au foulage.

C'est le vin de la première taille qui fait le vi

doux et le fameux vin *goutté*. C'est encore avec ce vin que les habitants des campagnes font la liqueur d'*Aloco* dont voici la recette : prenez quatre parties de vin doux et une partie d'eau-de-vie ; mêlez bien, et versez dans des bouteilles que vous laisserez droites pendant sept ou huit jours, en les couvrant d'un papier percé de trous d'épingles. Après ce délai, mettez des bouchons et couchez les bouteilles. Laissez reposer pendant quelque temps et transvasez.

Ordinairement on mêle ensemble le vin de pressoir et le vin de pied-chaud. Il y a cependant des propriétaires qui, pour avoir des vins plus fins, mettent à part le produit des deux dernières tailles.

Aussitôt que le pressurage est terminé, on enlève les marcs ; et, après les avoir divisés à l'aide d'un instrument à dents de fer, on les entasse dans des cuves que l'on couvre d'une couche de terre glaise. De cette manière, on préserve les marcs du contact de l'air qui les moisirait, et on les conserve jusqu'au moment où on les distille. Je dirai en passant, que plus la vendange a cuvé, plus les marcs contiennent d'alcool.

CHAPITRE IV.

SOINS DE LA CAVE. — QUALITÉS D'UNE BONNE CAVE. RENSEIGNEMENTS RELATIFS AUX FUTAILLES. DÉPÔT DU VIN NOUVEAU DANS LES FUTAILLES. REMPLISSAGE. SOUTIRAGE. MALADIES DES VINS. PROCÉDÉS DE CLARIFICATION. TIRAGE EN BOUTEILLES.

Qualités d'une bonne cave. Renseignements relatifs aux futailles et à leur entretien.

Nous avons dit que le vin nouveau, à mesure qu'il découle de la cuve et du pressoir, est transporté à la cave et déposé dans les futailles.

La bonté de la cave a une immense influence sur la qualité du vin. Une bonne cave doit être fraîche sans être humide, et assez profonde pour que la température s'y maintienne à 11 ou 12 degrés centigrades. Il est nécessaire qu'il y règne un courant d'air, et que les ouvertures principales soient pratiquées au nord. Il importe de n'y rien déposer qui répande de l'odeur. Si, par suite de l'humidité du sol, on ne pouvait avoir qu'un cellier, il faudrait à l'extérieur amonceler de la terre contre les murs jusqu'à la hauteur de 2 ou 3 mètres : de cette manière, on rend la température moins inégale.

Les tonneaux et les foudres varient dans leurs dimensions. Le vin se conserve mieux dans les vases d'une forte contenance. D'un autre côté plus les vases sont grands, et moins, proportion gardée, il y a d'évaporation ; moins aussi par conséquent, il faut de vin pour le remplissage. Nous avons dit que le vin se compose principalement d'eau et d'alcool. L'eau qui est contenue dans le vin, s'évapore constamment des futailles à travers le bois des douves. Quant à l'alcool qui est très-volatil, il tend à s'échapper par les interstices de la bonde. On comprend qu'il importe de boucher avec soin les futailles ; le vin s'aigrit par le contact de l'air.

Les futailles doivent être entretenues avec beaucoup de soin, et de leur bon état dépend en partie le mérite du vin. Tout le monde sait que le même vin, déposé dans des vases différents, n'acquiert pas une qualité égale. Quand on a vidé des tonneaux, et qu'on ne doit pas s'en servir tout de suite, il ne faut pas les laver ; on se borne à en faire découler la lie, et on y brûle un morceau de mèche soufrée. En ayant soin, tous les deux ou trois mois, de mécher les futailles vides, on les garantit de l'infection : les vapeurs sulfureuses en s'emparant de l'oxygène de l'air, empêchent la moisissure intérieure des douves. Si les mèches refusent de brûler, on renouvelle l'air dans les futailles, soit à l'aide du soufflet, soit en ôtant pendant quelques heures les bondes et les broches. On peut aussi se servir d'un instrument qu'on appelle le *bon-gré-mal-gré.* C'est un petit vase en fer, muni d'une tringle, et assez étroit pour passer par le trou de la bonde. On le fait rougir ; et, après y avoir jeté de petits morceaux de soufre, on le descend dans le tonneau : le soufre brûle bon-gré-mal-gré.

Au moment de la vendange, on prépare les futailles dont on peut avoir besoin ; on y verse une certaine quantité d'eau bouillante dans laquelle pour lui donner une bonne odeur, on a mis cuire du génévrier ou des feuilles de pêcher. On roule un peu les tonneaux, afin de les imbiber partout, en ayant l'attention d'ôter les bondes de temps en temps pour donner issue à la vapeur : c'est ce qu'on appelle faire un *chaudement.* Au bout de quelques heures, lorsque l'eau est refroidie, on vide les futailles et on les lave avec soin. On y brûle ensuite une mèche soufrée.

Lorsque les futailles sont infectées, on commence par les débarrasser de la moisissure ; puis on y fait un chaudement avec de la chaux, et, si cela ne suffit pas, avec de l'acide sulfurique étendu d'eau, et enfin avec de la lie. L'acide sulfurique doit être employé avec précaution. On considère le moyen suivant comme plus efficace. Après avoir défoncé les tonneaux, et les avoir nettoyés, on les laisse sécher à l'air pendant trois semaines ou un mois ; ensuite on les brûle avec de la paille ou des copeaux que l'on promène enflammés sur la surface intérieure des douves. — Malgré tout ce que l'on peut faire, il y a toujours du danger à mettre du vin dans des tonneaux qui ont été fortement moisis.

Dépôt du vin nouveau dans les futailles.

On ne doit pas remplir tout à fait les futailles, parce que le vin nouveau fermente encore avec force pendant quelque temps. Par le même motif on ne replace pas les bondes, ou du moins on ne les serre pas ; en général, on se contente de mettre sur le trou de la bonde, et cela pour empêcher le contact de l'air, quelques feuilles de vigne sur lesquelles on met une poignée de sable. Les personnes plus soigneuses placent sur les trous de bonde des entonnoirs hydrauliques.

Le vin nouveau fermente davantage dans les futailles, lorsque la maturité de la vendange n'est pas complète ; et cela s'explique par cette circonstance qu'une partie des raisins mal mûrs sont restés entiers au foulage, et n'ont pas fermenté dans les cuves. — Quand le fort de la fermentation est terminé, au bout de quinze jours ou de trois semaines, on remplit les futailles; et l'on bondonne sans trop serrer. On achève de serrer les bondes vers le 10 novembre. — Les futailles doivent être bondonnées avec soin pour que l'air ne puisse pas y pénétrer, et aussi pour que l'alcool ne s'échappe pas. Les bondes doivent toujours être garnies de linge propre.

Remplissage.

Nous avons expliqué qu'à travers les pores du bois, il se forme une évaporation qui oblige à remplir les futailles de temps en temps. On ne doit remplir qu'avec de bon vin. A défaut de vin convenable, on peut mettre des cailloux bien lavés. Il suffit de remplir tous les trois ou quatre mois, car il faut craindre de donner de l'air au vin.

Soutirage.

Le vin, surtout lorsqu'il est nouveau, dépose de la lie; la lie se compose des impuretés du raisin, de la matière colorante, du tartre, etc. Le tartre ou vin-pierre forme, sur les parois des futailles, une croûte plus ou moins épaisse, hérissée de petits cristaux que l'on ne doit pas ôter.

Si l'on n'a pas une excellente cave, il y a le plus grand danger à ne pas enlever la lie, parce qu'elle peut remonter, lorsque le vin travaille. On sait qu'à certaines époques de l'année, les vins éprouvent une espèce de fermentation, et quelquefois cette fermentation est telle qu'on est obligé de desserrer les bondes.

On transvase les vins nouveaux au mois de mars ou d'avril, et l'on renouvelle cette opération au mois de septembre; la deuxième année, on les transvase encore au mois de septembre; et si cela est nécessaire, on continue les années suivantes. Le mois de septembre est l'époque la plus favorable pour soutirer les vins vieux; lorsqu'on dépote des vins vieux par le froid ou par la grande chaleur, ils sont exposés à se troubler et à noircir, et quelquefois ils ont de la peine à se remettre.

Le soutirage affaiblit un peu le vin, parce que, dans le cours de cette opération, il s'échappe une certaine quantité d'alcool; cependant on est généralement d'accord que, dans notre contrée, ce n'est qu'au moyen des soutirages répétés qu'on peut empêcher les vins vieux de s'aigrir.

On m'a parlé d'un négociant qui collait les vins nouveaux sur la lie, avant le premier soutirage, et qui de cette manière évitait les soutirages ultérieurs.

Dans la Moselle le soutirage se fait presque toujours à l'aide de hottes. Il est inutile de dire que, lorsqu'on transvase, il faut arrêter l'opération, dès que le vin n'est plus parfaitement clair ; on réunit ensemble tous les fonds de futailles, et on les colle comme il sera dit, page 85.

Lorsqu'on transvase, il faut veiller avec le plus grand soin à la propreté des futailles dans lesquelles on dépose le vin, et d'un autre côté on ne doit pas oublier de les mécher. En voici la raison : pendant le soutirage, une certaine quantité de l'oxygène de l'air se mêle au vin, et cela le dispose à s'aigrir ; il faut en débarrasser le liquide. On parvient à s'emparer de cet oxygène à l'aide du gaz sulfureux qui est produit par la mèche. — Le *soufrage* lorsqu'il est trop énergique, décolore un peu le vin.

Lorsqu'une pièce de vin ne se trouve pas tout à fait remplie, on doit y brûler immédiatement un morceau de mèche. Avec cette précaution, le vin peut rester en vidange sans inconvénient pendant plusieurs semaines ; la même précaution est à prendre lorsqu'une pièce n'est vidée que partiellement.

Il arrive que des vins qui étaient clairs avant le soutirage, se troublent à la suite de cette opération, mais ordinairement ils ne tardent pas à recouvrer leur limpidité.

Maladies des vins. Procédés de clarification.

Malgré les précautions que l'on prend, le vin est quelquefois sujet à des maladies. Il s'y opère ors un changement de goût qui n'échappe pas ıx personnes un peu exercées. D'un autre côté ıand un vin s'altère, presque toujours il se ouble, et c'est un avertissement qu'il ne faut ıs négliger.

Lorsque des vins se troublent, la première ıose à faire c'est de les clarifier. Pour les vins ›uges, on emploie des blancs d'œufs ou du sang e bœuf, et, pour les vins blancs, de la colle e poisson. L'albumine contenue dans les blancs 'œufs, dans le sang et dans la colle de poisson, ›rme une espèce de réseau ou de filet qui rasemble toutes les matières en suspension dans vin, et les entraîne au fond.

Voici comment on prépare les blancs d'œufs : our un hectolitre de vin, on prend 3 ou 4 blancs 'œufs frais, une petite poignée de sel ordinaire u 5 grammes de cristal minéral (sel de nitre), un demi-verre d'eau ; on mêle tout cela enemble sans trop faire mousser. Cela fait, on gite avec un bâton fendu en quatre, le vin ontenu dans le tonneau ; et, après y avoir versé colle par le trou de la bonde, on agite encore vin pendant quelques instants. On frappe enuite sur les douves pour faire tomber la mousse. n remet dans le tonneau la petite quantité de in qu'on en a préalablement extraite, et l'on ondonne ; quinze ou vingt jours après, le vin oit être éclairci. — Quant au sang, on procède comme il suit : on prend du sang de bœuf ou de veau. Le sang doit être chaud, on le bat avec un petit balai, la fibrine se coagule en filaments autour du balai, on la jette, et ce qui reste est l'albumine. La colle au sang est très-puissante ; il n'en faut pas trop mettre, car on décolorerait le vin. On a obtenu de bons résultats avec un litre d'albumine pour six hectolitres de vin. On délaie l'albumine dans du vin, et l'on agit d'ailleurs comme pour la colle aux blancs d'œufs. On n'emploie le sang que pour clarifier des quantités de vin considérables.

La colle de poisson se prépare facilement : après l'avoir réduite en petits morceaux, on la met tremper pendant dix ou douze heures dans un peu d'eau ; quand elle est en gelée, on la délaie avec du vin, et l'on s'en sert, en procédant ainsi que nous l'avons expliqué pour les blancs d'œufs. Pour 1 hectolitre de vin il faut 5 grammes de colle de poisson et 5 grammes de sel de nitre.

On n'oubliera pas que, lorsque des vins ont été collés, il faut, dès qu'ils sont éclaircis, les transvaser pour qu'ils ne restent pas sur le dépôt qui a été produit par la colle.

Le collage suffit souvent pour rétablir les vins. Lorsqu'après cette opération ils paraissent affaiblis, on les relève en y mêlant, en proportion convenable, du vin ferme et de bonne qualité. — On peut procéder de même si l'on s'aperçoit que es vins tournent à l'aigre, à l'absinthe ; mais, dans ce cas, le plus sûr est de les consommer apidement. L'aigre, quand il est le résultat de la ermentation acide, est une maladie sans remède.

Il arrive quelquefois que des vins blancs deviennent gras et filent comme de l'huile. Cette naladie n'attaque guère que les vins blancs qui n'ont pas cuvé, et qui par suite ont peu de tanin. Voici le procédé de guérison qui m'a paru le plus simple. On commence par transvaser le vin à la hotte, en le jetant d'un peu haut sur des balais placés dans l'entonnoir. Ensuite on le clarifie avec le la colle de poisson, préparée comme il a été dit plus haut; on peut doubler la dose de cristal minéral. Quinze jours après, quand le dépôt est ormé, on transvase, et le vin est ordinairement établi. — Les vins gras se rétablissent souvent d'eux-mêmes.

Lorsque du vin blanc a contracté une fausse couleur, on peut lui rendre sa limpidité, en le collant avec du lait frais non bouilli. Il suffit d'un demi-litre de lait par hectolitre de vin. On jette le lait dans le tonneau, on bat fortement le vin, et au bout de quinze jours on soutire.

Je voudrais indiquer un moyen pour enlever le goût de moisi, mais je manque de renseignements suffisants. Je puis dire cependant qu'il y a quelques années, j'ai rendu potable un hectolitre de vin en le collant avec un verre d'huile d'olive ; après quelques semaines, le mauvais goût avait disparu, mais le vin était devenu très-plat. — Il m'a été dit que l'on avait combattu avec succès le goût de moisi en mêlant au vin un peu de poudre d'iris ou de semence de poireau pulvérisée. Lorsque le vin a contracté le goût de moisi, il ne faut pas le transvaser dans un autre tonneau qu'on infecterait également.

Quand une cave est bonne et qu'elle est bien soignée, il est rare qu'on ait des vins malades.

Tirage en bouteilles.

Beaucoup de personnes se contentent de tirer au tonneau le vin d'ordinaire ; mais, pour peu que le tonneau reste en vidange, le vin s'évente et ne tarde pas à s'aigrir. Si l'on veut boire le vin dans toute sa qualité, il faut le mettre en bouteilles.

Pour faire cette opération, il importe de choisir un beau jour. Il ne faut pas opérer par le froid, du moins pour les vins rouges qui seraient exposés à noircir. D'un autre côté, on ne doit pas mettre les vins en bouteilles, lorsqu'ils sont encore trop verts ; ils ne s'amélioreraient que fort lentement. Un propriétaire m'a raconté qu'ayant tiré trop tôt en bouteilles du vin de 1834, il avait été obligé de le remettre en tonneau.

Avant de mettre le vin en bouteilles, on commence par le coller avec soin ; il ne faut pas ménager la colle ni se presser de soutirer. Si le vin n'est pas parfaitement limpide, il se fait du dépôt ; et l'on est contraint de transvaser les bouteilles avant de les boire, ce qui est une grande gêne.

Ainsi que nous avons expliqué à la page 84, on clarifie le vin rouge avec des blancs d'œufs, et le vin blanc avec de la colle de poisson. M. de Chazelles n'emploie pour les vins blancs que la colle de poisson, et ses vins ne déposent jamais.

Il est inutile de dire que les bouteilles doivent être lavées avec le plus grand soin ; la moindre odeur est contractée par le liquide. Si l'on fait usage de petits plombs, on doit veiller à ce qu'il n'en reste pas dans le fond des bouteilles : cela pourrait occasionner un empoisonnement. On rend facile le lavage des bouteilles, si, aussitôt qu'une bouteille est vide, on y passe un peu d'eau; on la tient ensuite renversée jusqu'à ce qu'elle soit sèche. Afin que les bouteilles occupent moins de place à la cave, on peut avoir des poteaux garnis tout autour de chevilles dans lesquelles on plante les bouteilles.

Si la propreté est indispensable pour les bouteilles, elle n'est pas moins nécessaire pour les bouchons. Quand on emploie des bouchons qui ont déjà servi, on doit rejeter tous ceux qui ont une mauvaise odeur. Il faut aussi mettre de côté tous ceux qui, étant troués, n'empêcheraient pas le contact de l'air. Pour les vins fins, il convient de n'employer que des bouchons neufs.

On remplit les bouteilles de manière à ce qu'il y ait 3 centimètres d'intervalle entre le vin et le bouchon. Pour faciliter l'entrée des bouchons, il y a des tonneliers qui les mordent avec les dents; cela n'est pas propre. Si les bouchons sont trop gros, il est facile de les allonger en les comprimant avec l'instrument connu sous le nom de mâche-bouchons. Pour faciliter l'entrée du bouchon, on trempe son extrémité inférieure dans du vin. On frappe ensuite sur le bouchon à l'aide d'une palette, car il faut que les bouteilles soient parfaitement bouchées, pour empêcher le contact de l'air; on a aujourd'hui un instrument très-commode pour enfoncer les bouchons. Il est d'usage de goudronner les vins fins. On trouve à acheter de la cire toute préparée pour cet effet. On la fait fondre, et quand elle est bien liquide, on y trempe le goulot de la bouteille jusqu'à l'anneau; ensuite on retire la bouteille, et la tenant penchée au-dessus du poêlon, on la tourne quelques instants dans la main pour que la poix s'étende uniformément en se séchant.

Dans la cave, il est indispensable de tenir les bouteilles couchées; autrement, les bouchons qui ne seraient pas mouillés par le liquide, se dessécheraient et ne tarderaient pas à donner passage à l'air. On place les bouteilles par lits ; si le tas est un peu élevé, on met de petites lattes de chêne entre les rangs de bouteilles. — Si l'on veut mettre un peu d'ordre dans sa cave, il est indispensable d'établir des cases à l'aide de planches que l'on sépare par des montants ; dans les cases inférieures on met les vins que l'on possède en plus grande quantité. En donnant à ces cases une profondeur de 70 centimètres, on peut y placer un double rang de bouteilles. — Tout le monde sait que le vin s'améliore beaucoup en bouteille.

Je termine ici mon travail, et j'ose espérer que ces notes ne seront pas sans quelqu'utilité. Je recevrai avec reconnaissance les observations et les renseignements qu'on voudra bien me transmettre.

FIN.

TABLE DES MATIÈRES

CHAPITRE III.

CHAPITRE IV.

FIN DE LA TABLE

Noms des personnes citées dans l'Ouvrage.

MM. Abel, membre de l'Académie de Metz.

Le baron Bertrand, à Bertrange.

Carreau, propriétaire à Lorry-devant-le-Pont.

* De Chazelles, propriétaire, à Metz.

Collignon d'Ancy, propriétaire, à Metz; voyez son ouvrage.

Dauphin, ancien notaire, à Pange.

Le docteur Guyot; voyez son ouvrage.

Le conseiller Huot; voyez son mémoire à l'Académie, en 1860.

Jacquin, ancien officier supérieur, à Metz.

* Jaunez, de Metz; voyez son ouvrage sur la vigne.

Ladrey, professeur de chimie; voyez son ouvrage.

* Lamy, propriétaire, à Ars.

Le docteur Langlois, à Paris.

Lanternier, propriétaire, à Thionville.

* Limbourg, propriétaire, à Kontz.

Le président Limbourg, à Metz.

Le docteur Méry, à Metz.

Pistor-Paillet, avocat; voyez son mémoire présenté au comice de Metz, en 1860.

* Thiva, propriétaire, à Lessy.

Trouillet; voyez son ouvrage.

Les personnes dont le nom est précédé d'un astérisque n'existent plus.

www.ingramcontent.com/pod-product-compliance
Ingram Content Group UK Ltd.
Pitfield, Milton Keynes, MK11 3LW, UK
UKHW012053240726
13965UKWH00003B/1256